Ernst Jünger
Letzte Worte

Hrsg. von Jörg Magenau

Klett-Cotta

Ernst Jünger
Letzte Worte – Fragment 9

Letzte Worte
   I. Rückschau

Lebensbilanzen 19

Geld, Zahlen und Zählen 28

Fortgesetzte Tätigkeit 31

Freunde, Feinde, Vaterländer 43

Ratschläge, Grüße, Anweisungen 52

Abschiede 59

   II. Gewalttaten

Selbsttötungen 73

Morde 77

Hinrichtungen 82

   III. Todesarten

Ärzte und Medizin 105

Speisen und Getränke 112

Gärten und Blumen 121

Schöne Töne, Musik 126

Zeitfragen 132

Stilfragen	136
Mütter	142
Schlaf	145
Befinden	148
Liegepositionen	156
Aus und vorbei	160

IV. Vorschau

Licht- und Sichtverhältnisse	165
Leib und Seele	171
Neugeburt, Wiedersehen, frohe Erwartungen	175
Himmel, Erde, Hölle	180
Götter, Menschen, Teufel und Engel	185
Anrufungen, Gebete	189
Transit	193
Letzte Einsichten	203
Letzte Fragen	208

Jörg Magenau
Nachwort 215

Personenverzeichnis 238

Autor	Letztes Wort	Quelle
Allgemein :	Diese letzten Worte als Sammlung gleichen einer Sammlung von Irrtümern und ungenauer Überlieferung. Trotzdem summieren sie sich zur Wahrheit, die ihnen innewohnt. Das gilt von der Historie überhaupt.	

Autor	Letztes Wort	Quelle
	Allgemein Einteilung könnte im Großen nach zwei Gesichtspunkten geschehen : Rückwärts und vorwärts gewandte ~~Ausdrück~~ Aussprüche.	

Ernst Jünger

Letzte Worte   Fragment/8.2.1961

Es war Neigung für skurrile Beschäftigungen und Grenzgänge allein, was mich vor Jahren zur Anlage einer Sammlung von Letzten Worten bewog. Mehr noch trug dazu bei die Hoffnung auf eine gewichtige Ausbeute an menschlichen Bekundungen über den Sinn der durchlebten Existenz. Die Sonne geht unter; noch einmal umfaßt der Blick die durchwanderte Welt im Abendschein. Zugleich beginnt auf der anderen Seite der Vorhang zu zittern; die durch die Erfahrung eingewebten Muster der Realität lösen sich auf. Vielleicht wird hinter ihnen dem brechenden Auge bereits ein Schimmer des ganz Anderen sichtbar, das unsere arme Sprache als das Jenseits zu bezeichnen pflegt. Vielleicht sind Rufe, Begrüßungen, Kommandos schon zu vernehmen, wenn die Anker gelichtet und die Taue gekappt werden, damit das Schiff die große Fahrt beginnen kann. Da lohnt es sich, durch die Unordnung und die Panik des Aufbruchs hindurch zu horchen für den, der früher oder später den gleichen Weg antreten, dasselbe Tor durchschreiten muß.

Zu allen Zeiten hat man aufmerksam den Sterbenden gelauscht. Ihr Wort schien mantisch, prophetisch, bald eine Überlieferung, bald ein Auftrag wie der des atemlosen Läufers, der seine Fackel überreicht.

In der Familie kennt man das Letzte Wort des Vaters und in den Völkern das Letzte Wort der Großen, die dahingegangen sind. Mit ihm pflegten die Biographien zu schließen; die Weltgeschichte ist von solchen Zeugnissen durchwebt. Man tut einen großen Gang quer durch die Jahrtausende, wenn man das Letzte Wort zur Richtschnur nimmt.

*

Nachdem man sich etliche Zeit mit dem Thema beschäftigt hat, wird die Enttäuschung nicht ausbleiben. Sie hat verschiedene Gründe, vor allem solche qualitativer Art. Wohl mag die Meinung, daß der Mensch angesichts des Todes eine Vorhalle betritt, in der seine Worte eine neue Resonanz gewinnen, durch schöne Zeugnisse unterstützt werden – weit häufiger begegnen wir indessen der trivialen, der nichtssagenden oder der ganz und gar verworrenen Äußerung. Es gibt kaum einen Gemeinplatz, mit dem sich nicht schon ein Mensch verabschiedete. Es gibt auch keinen Irrtum, keine Ungereimtheit, ja keine Bösartigkeit, auf der er nicht beharrt.

Das gilt vor allem für jene Fälle, in denen der Mensch bei klarem Bewußtsein und mit ungebrochenem Willen dem Tod entgegensieht und seine Stunde kennt, wie vor dem Freitod oder der Hinrichtung. Wohl ahnt er die Bedeutung, das Feierliche der nahenden Verwandlung, und sucht ihr in der Haltung und im Worte zu genügen, doch hält ihn noch im Banne, was die Alten die Eitelkeit der Welt nannten. Besonders beim Verbrecher als bei jenem Typus, der dem Willen stärker unterworfen ist als andere, steht dieses Ungenügen zur Gewaltsamkeit des Todes in tiefem Zusammenhang.

Wir sehen den Mörder, der mit einer Lüge oder mit einem Zynismus auf den Lippen das Schafott betritt. Wir hören den Parteigänger an der Mauer ein Hoch ausbringen auf den Tyrannen, der ihn füsilieren läßt. In Sonderheit ist es das Wort »Freiheit«, das immer wieder aus dem Fieber aufsteigt, aber an welch dürftige Helden und Umtriebe geknüpft. Doch muß Gewaltiges sich hinter diesem Wort verbergen, in dessen Anruf sich Freund und Feind, Gerechte und Ungerechte einen und das auf sonnenhafte Weise das Mannigfaltige vergoldet und erhellt.

Diese Verwirrung klärt kein Historiker. Die Kunst kann sie in der Tragödie erfassen, doch nur die Kulte erreichen ihren Grund. Der Mensch als solcher, und zugleich als der gerechte und ungerechte Schächer: das ist das Triptychon des Todes auf dem Weltenhügel zur Stunde des Gerichts. Und was wir immer an Letzten Worten drehen und wenden mögen, wir werden kein größeres finden als jenes: »Es ist vollbracht.«

*

Als Quelle im Sinne historischer Genauigkeit bleibt das Letzte Wort immer suspekt. Man tut gut, wenn man sich weder auf seine Originalität noch auf seine Authentizität verläßt. Es ist weder gewiß, ob der Verstorbene es wirklich gesprochen hat, noch ob es wirklich sein Letztes Wort gewesen ist.

Unverständliches wird meist dem folgen, was noch verstanden werden kann. In der Umgebung des Sterbenden herrscht die Verwirrung, die mit jeder Seinsberührung verbunden ist.

Die Umstehenden hören Verschiedenes, oder wenn sie dasselbe hören, legen sie es verschieden aus. Dem Letzten Wort kann eine erhabene und eine triviale Bedeutung gegeben werden wie dem berühmten: »Mehr Licht.«

*

Wo viel gesprochen wurde, hat der eine dieses, der andere jenes Wort bewahrt. Dann bildet sich früher oder später die Lesart aus. Es mag sein, daß das Wort bereits Tage vor dem Abschied gesprochen worden ist. Es bleibt im Gemüt, weil es besonders markant, besonders bezeichnend für den Abgeschiedenen war.

In dieser Hinsicht gehören die Letzten Worte in das Gebiet der Anekdote, jenes unentbehrlichen Hilfsmittels sowohl der Geschichtschreibung als auch der Charakterologie. Auch im täglichen Leben greifen wir zur Anekdote, um einen Bekannten so zu schildern, wie er wirklich ist oder gewesen ist. Auch wenn die Anekdote auf einem Fakt beruht, so werden wir ihn zuspitzen, damit er treffender wird. »Se non è vero, è ben' trovato« – das Wort läßt sich auch dahin ausdeuten, daß die gute Erfindung die bloße Wirklichkeit übersteigt. Jede Erfindung ist zugleich Findung – Verdichtung des Möglichen. »Was sich nie und nirgends hat begeben, das allein ist wahr«, das heißt, der Dichter hat den Vorrang vor dem Historiker. In jeder großen Geschichtschreibung wird man daher ein dichterisches Element aufspüren.

Die gute Anekdote trifft den Nagel auf den Kopf. Sie beschäftigt sich weniger mit Taten und Werken des großen Menschen als daß sie sein Wesen enthüllt. Hier wird das Volk zum Künstler und wirkt als Dichter an der Geschichte fort. Ihm kommt noch die Kraft zu, die das Märchen, den Mythos bildete. Der einfache Mann am Lagerfeuer, im Wirtshaus, hinter dem Ofen weiß zu berichten, wie er dem Großen begegnet ist. – Der Starke Grettir, der Kleine Korporal, der Alte Fritz und der Gerechte Kalif Harun (al Raschid) – was mag sich verbergen hinter diesem Kleinen, der Großes verrichtet, hinter diesem Alten, der Zauberkraft besitzt, und diesem Gerechten, an den sich die Hoffnung knüpft? Hinter jedem Großen steht ein Größeres; das eben macht menschliche Größe aus. Wer hat, dem wird gegeben; wo das Volk gerechten Ruhm vermutet, trägt es Gleichnis um Gleichnis hinzu.

*

Das Letzte Wort hat anekdotischen Charakter; es ist weniger eine Überlieferung als eine Kennzeichnung. Mit einiger Einschränkung dürfen wir sagen, daß es verliehen wird. Andererseits wird es nicht frei erfunden sein. Es wird in einer notwendigen Beziehung zu seinem Mann stehen und damit auf eine Schicht weisen, in der die Dinge sowohl ominös wie numinos werden. Dort hören die Umstehenden, gleich den Evangelisten, Verschiedenes.

Immerhin gehört guter Glaube zur Wiedergabe von Letzten Worten; die offensichtlich erfundenen scheiden aus. Zu ihnen zählen solche, in denen der Vorteil der Hinterbliebenen allzu spürbar wird. (Nach dem Tode des neugriechischen Dichters ‹unleserlich› erhoffte ein anderer Poet, Sikilianos, dem berühmten Verstorbenen in Rang und Ehren nachfolgen zu können.) Ebenso würden Worte das Konzept durchbrechen, wie sie der Dichter seinen Helden in den Mund legt, obwohl sie oft von großer Schönheit sind. Zu ihnen gehört jenes »Ich denke einen langen Schlaf zu tun; / Denn dieser letzten Tage Qual war groß.« von Schillers Wallenstein. Das Dichterwort hat sich mit der historischen Person verwoben, doch bleibt auch im Drama offen, ob es wirklich das letzte ist. Der Mord wird ausgespart. »Dumpfe Stimmen – Waffengetöse – dann plötzlich tiefe Stille.«

Endlich sollte man sich das Letzte Wort auch als gesprochenes vorstellen und nicht als geschriebenes. Von den Abschiedsbriefen gilt in erhöhtem Maße, was vom Abschiedswort zur festgesetzten Stunde gesagt wurde. Je stärker und ungebrochener das Bewußtsein, desto fragwürdiger, dürftiger wird, was der Gedanke und was die Sprache der Majestät des Todes entgegenzusetzen hat. Freilich ist das geschriebene Wort das eigentlich authentische. Daß es schwächer wirkt als das in Todesnot frei in die Luft gesprochene, erklärt sich daraus, daß die Absicht vorwiegt; und mit ihr, durch sie, die Personalität. Da wir uns indessen den letzten Stadien der menschlichen Bahn nähern, in denen die Personalität erlischt, wird das Unbeabsichtigte glaubwürdiger. Aus ihm wird Gemeinsames vernehmbar, Gemeinsamkeit des Leidens und der Liebe, des Schicksals und seiner Macht. Was das Licht des irdischen Tages trennt und vereinzelt, uns verbindet die heilige Nacht. »Die Lieb ist frei gegeben, / Und keine Trennung mehr.«

*

Es liegt an der Eigenart des Themas, daß es den auf historische Genauigkeit gerichteten Geist nicht befriedigen kann. So kommt es zu Urteilen wie jenem, das W. L. Hertslet in der Einleitung zu seinem Buche »Der Treppenwitz der Weltgeschichte« fällt: »Wie in früheren Zeiten bei der Geburt bedeutender Menschen Lichterscheinungen und anderer dergleichen Unfug an der Mode waren, so hat man später dem scheidenden Helden sehr häufig ein letztes bedeutendes, seinem Leben gleichsam als Motto dienendes Wort in den Mund gelegt und für einen theatralisch packenden Abgang gesorgt. Gegen diese Ausrufe Sterbender, es sei denn, sie seien ganz besonders trivial und nichtssagend, muß man vor allem vorsichtig sein; fast keiner kann vor der Kritik bestehen.«

Wie viele positivistische Urteile, so stimmt auch dieses nur in der Mitte, sonst aber weder vorn noch hinten; es gilt im sichtbaren Ausschnitt, doch weder für den Ursprung noch für den Abschluß unserer Bahn. Wo nach dem schönen Wort von Léon Bloy das Leben in die Substanz der Geschichte eingeht, genügt Genauigkeit nicht mehr. Sie dient als Mittel unter Mitteln auf dem historischen Wege und wird vor seinem Ende wie ein Wanderstab beiseite gestellt.

Wo die Geschichte endet, hat der Mensch seit jeher das Wort nicht als Bezeichnung, sondern als Zeichen verwandt, nicht als geprägte Münze, für die er Renten eintauscht, sondern als Symbol, als Hinweis der Sprache auf Unaussprechliches. In diesem Sinne verliert es an Exaktheit, es wird mehr- und vieldeutig. Aber es reicht tiefer in den Kosmos hinein und gewinnt Kraft aus dem Ungesonderten.

*

Trotz aller Kritik an der Überlieferung ist zu vermuten, daß sich unter der Wirrnis an Letzten Worten ein Fundus verbirgt. Wer sich länger mit dem Thema beschäftigt, beginnt Gesetzmäßiges wahrzunehmen, Wiederholungen, Übereinstimmungen, Stilformen. Aus ihnen wiederum lassen sich Schlüsse auf Gemeinsamkeiten der Charaktere, der Stimmung, der Lage ableiten. Es versteht sich, daß dabei Behutsamkeit geboten ist.

Die Beschäftigung mit einer großen Menge selbst scheinbar unbedeutender Aussprüche kann dennoch Gewinn bringen – etwa indem sie die Augen schärft. Das gilt für fast alle Sammlungen. Die große Zahl, die einerseits nivelliert, läßt andererseits nicht nur das Besondere, sondern auch allgemein Gültiges schärfer hervortreten. Auf der grauen Fläche des Meeres erkennt das Auge <nicht> nur <den> Angler in seinem Boote wie gestochen, sondern auch die feine Rippung, in der sich die Strömung abzeichnet.

*

Die Ähnlichkeit und oft auch die Identität der Letzten Worte

<Hier bricht die Niederschrift ab.>

I. Rückschau

Lebensbilanzen

Marcus Livius Drusus der Jüngere *ca. 124 – 91 v. Chr.,
römischer Volkstribun*

»Wann wird die Republik wieder einen Bürger finden wie mich?«

<small>Le Comte. (Hier und im Folgenden: Edward S. Le Comte: Dictonary of Last Words. Philosophical Library, 1955)</small>

Nero *37 – 68, römischer Kaiser*

»O Jupiter! Welch ein Künstler stirbt in mir!«

<small>Nach dem Gedächtnis von H. Lange</small>

```
Der heilige Abt Johannes 360-435
„Niemals habe ich nach meinem eigenen Willen
gehandelt, und niemals habe ich andere zu
tun gelehrt, was nicht zuerst ich selbst
getan hatte!"
```

<small>Le Comte</small>

Karl V. der Gelehrte *1338 – 1380, König von Frankreich*

Läßt sich die Königskrone bringen und sie ihm unter die Füße legen. »O Krone Frankreichs, wie kostbar und wie wertlos bist du doch! Kostbar als Sinnbild der Gerechtigkeit.

Wertlos, wägt man die Mühe und Pein, die Gefahren für Leib und Seele, die Qualen des Herzens und Gewissens, die du denen auferlegst, die dich tragen! Wer all dies vorher wüßte, ließe dich eher im Schmutz liegen, als daß er sich danach sehnte, dich aufzusetzen.« Nichtigkeit der Dinge im Augenblick der Seinsberührung. Negativum hierzu Elisabeth von England.

Zielesch, S. 24. (Hier und im Folgenden: Lotte Zielesch: Das Herz steht still. Zinnen-Verlag, München 1946)

Karl IX. 1550 – 1574, König von Frankreich

Im Traum sah er viele Leichen auf der Seine treiben, die Luft war erfüllt von den entsetzlichsten Schreien. In der Nacht vor seinem Tode hörte seine Amme, die er sehr schätzte, obgleich sie eine Hugenottin war, als sie an seinem Bette wachte, wie er klagte, weinte und stöhnte: »Ach Amme, all das Blut und all das Morden! Ach was habe ich doch für schlechte Ratgeber gehabt! O, mein Gott, vergib mir und sei mir gnädig! --- Ich bin verloren, ich merke es wohl!« So starb er, noch nicht vierundzwanzig Jahre alt!, Gewissensqualen. Der Ermordete kann auftreten als der Richter des Henkers. Karl IX. war mitschuldig an den Greueln der Bartholomäusnacht. Seine Rolle verifizieren.

Martensen-Larsen, S. 137. (Hier und im Folgenden: H. Martensen-Larsen: An der Pforte des Todes. 2. Auflage. Furche-Verlag, Berlin o.J.)

Autor	Letztes Wort	Quelle
Allgemeines.	Erster Versuch einer Einteilung: 1. Typen: Götter, Heilige, Mythische Figuren, Herrscher. 2. Verhältnis zur Gesellschaft: Antike, Barock. Zur Frau, zur Umgebung, zum Gefolge. Unter Männern im Gefecht. 3. Situationen. Mord, Selbstmord, Hinrichtung. Tod wird hier oft lange vorausgesehen 4. Charaktere. Heroen, Witzbolde	

Actor	Letztes Wort	Quelle
Allgemein :	Nur Worte,gesprochene. Nehme also keine Briefe und andere schriftliche Kundgebungen mit auf - einmal aus Gründen der Beschränkung,sodann weil das Bewußtsein bei den Niederschriften doch zu sehr in den Vordergrund tritt, und damit dann häufig das Schauspielerisch oder in anderer Weise Reflektierte überwiegt.	

Tycho Brahe 1546 – 1601, dänischer Astronom

Keplers Bericht über letzte Stunden: »In der letzten Nacht wiederholte er oft diese Worte, als ob er ein Lied singe: ‚ne frustra vixisse videar'« (er möge nicht vergebens gelebt haben).

Bloch II, S. 22 (Hier und im Folgenden: Oskar Bloch: Vom Tode. Eine gemeinverständliche Darstellung. Deutsche Ausgabe besorgt von Dr. Peter Misch. 2 Bände. Axel Juncker Verlag, Stuttgart 1903)

Oliver Cromwell 1599 – 1658, englischer Lordprotektor und Feldherr

Auf dem Sterbebett: »Ich mag nicht trinken noch schlafen«, antwortete er dumpf und schwer; »ich habe daran zu denken, daß ich bald von hinnen und vor das Angesicht Gottes muß!« Nach einem tiefen Seufzer setzte er hinzu. »O, es ist ein fürchterlicher Gedanke, sterbend in die Hände eines ewig lebenden Gottes zu fallen.« Endlich murmelte er: »Aber Gott wird barmherzig sein, denn ich liebe Gott, und Gott liebt auch mich, eine so elende Kreatur ich auch immer sein mag.« Dann lag er ohne Bewußtsein.

Wehl. (Hier und im Folgenden: Feodor Wehl: Der Ruhm im Sterben. Ein Beitrag zur Legende des Todes. Druck und Verlag von J.F. Richter, Hamburg 1886)

Ludwig XIV. 1638 – 1715, König von Frankreich

»Damals, als ich König war.«

(ohne Quellenangabe)

Mary Wortley Montagu 1689 – 1762, englische Dichterin

»Es ist alles sehr interessant gewesen, sehr interessant!«

Le Comte

Charles Churchill *1732 – 1764, englischer Satiriker*
»Was für ein Narr ich gewesen bin!«

Le Comte

Emanuel Swedenborg 1688–1772, schwedischer
Mystiker, Wissenschaftler, Theologe
„So wahr Sie mich hier vor Ihren Augen
sehen, so wahr ist auch alles, was ich
geschrieben habe, und ich hätte mehr sagen
können, wenn es mir erlaubt gewesen wäre.
Wenn Sie in die Ewigkeit kommen, werden Sie
alles sehen, und Sie und ich werden viel
miteinander zu reden haben." (Beantwortung
einer Aufforderung zum Widerruf.)

Arwed Ferelius: Brief an den Professor Tretgard in Greifswald über Swedenborgs Ende, 31.3.1780. in: Swedenborgs Leben und Lehre, Frankfurt 1880, Bd. I, S. 89

Voltaire *1694 – 1778, französischer Philosoph*
Voltaires letzter Seufzer soll sich an der lächelnden Sentenz: »Das Leben ist ein Scherz« kristallisiert haben. Er wollte weiterfahren, allein es blieb ihm keine Zeit dazu, so daß wir nicht wissen, ob er nicht hätte sagen wollen: »... aber ein schlechter.«

Aus einer Basler Zeitung

Maria Theresia *1717 – 1780, österreichische Kaiserin*
Die Kaiserin empfing bei vollem Bewußtsein und in tiefer Andacht die Sterbesakramente und bezeichnete die Gebe-

te, die man ihr vorlesen solle. Sie nahm Abschied von ihren Kindern und bat ihre Diener, ihr zu verzeihen, wenn sie ihnen Unrecht zugefügt hätte. Sie habe, sagte sie, keine Angst vor dem Tod. Alles habe sie in guter Absicht getan und hoffe daher, daß ihr Gott barmherzig sein werde. »Ich habe alleweil gearbeitet, so zu sterben«, sagte sie zu ihrer Tochter Marianne, »aber ich habe mich geforchten, es möchte mir nicht geraten; jetzo sehe ich, daß man mit der Gnad Gottes alles kann.«

Kurt Pfister: Maria Theresia. Mensch, Staat und Kultur der spätbarocken Welt. Bruckmann, München, S. 230

Joseph II. *1741 – 1790, österreichischer Kaiser, Sohn Maria Theresias*
»Ich glaube, meine Pflicht als Mensch und Fürst getan zu haben.«

Karl Eduard Vehse, Österreichische Hofgeschichten

Joseph II. diktierte seine Grabinschrift: »Hier liegt Joseph, der in all seinen Unternehmungen erfolglos war.«

Aveline (Hier und im Folgenden: Claude Aveline, Les Mots de la Fin, Hachette, Paris 1957)

Johann Peter Uz *1720 – 1796*
Noch am Schlusse seines Daseins ward ihm eine Auszeichnung zuteil. (Ernennung zum Wirkl. Königl. Preußischen Geh. Justizrat), wenige Stunden vor seinem Tode, den 12. Mai 1796. Ruhig und gemessen, wie es einem Weisen geziemt, hörte er die Botschaft an und antwortete nichts

darauf, als ein philosophisches: »So!« Mit diesem »So!« des Gleichmuts auf den Lippen verschied er ruhig und sanft.

Wehl

Giacomo Casanova 1725 – 1798, *italienischer Schriftsteller und Abenteurer*

»Großer Gott und ihr übrigen Zeugen meines Todes, ich habe als Philosoph gelebt und scheide als Christ von der Welt.« Juni 1798 zu Dux in den Armen des Prince de Ligne und des Grafen von Waldstein.

(ohne Quellenangabe)

Horatio Nelson 1758 – 1805, *britischer Admiral*

Als die Schlacht (von Trafalgar) gleich darauf beendet war, kam Hardy zu dem Sterbenden zurück, ihm den vollständigen Sieg zu melden. Nelson, mit einem letzten Blick der Freude, sagte verscheidend: »Gott sei Dank, ich habe meine Pflicht getan.«

Wehl

```
Georg Wilhelm Friedrich Hegel 1770-1831,
deutscher Philosoph
```
```
„Von allen meinen Schülern hat mich nur ein
einziger verstanden. – Und der hat mich
falsch verstanden."
```

Aus dem Gedächtnis von H. Lange

Michail Bakunin *1814 – 1876, russischer Anarchist*
»Unordentlich gelebt, aber ordentlich gestorben.«

Aus dem Gedächtnis von H. Lange

Paul Gauguin *1848 – 1903, französischer Maler*
»Das Werk eines Menschen«, sagte er ein paar Tage vor seinem Tod, »ist seine eigene Erklärung. Alles, was ich von anderen gelernt habe, hat mich behindert. Ich kann deshalb sagen, daß mich niemand etwas lehrte. Es ist wahr, ich weiß sehr wenig. Aber dieses wenige ziehe ich vor, denn es ist mein eigenes.«

George Slocombe: Gauguin. Biographie – Varieties & Parallels. Edit. by Dwight Durling & William Watt, The Dryden Press

Ulrich von Brockdorff-Rantzau *1869 – 1928, deutscher Diplomat, erster Außenminister der Weimarer Republik 1918/19*
»Ich sterbe gern, denn ich habe nichts erreicht von dem, was ich erstrebte! ... Man hat mir alles zerschlagen, ich bin schon in Versailles gestorben.«

F.W. Heinz: Die Nation greift an. Berlin 1933, S. 53

Josef Joffre *1852 – 1931, französischer Marschall*
»Ich habe nicht viel Böses in meinem Leben getan und habe mein Weib redlich geliebt.«

Aveline

Arnold Bennett *1867 – 1931, englischer Schriftsteller*
Zu Dorothy C. Bennett: »Alles ist schiefgegangen, Mädchen.«

Le Comte

Geld, Zahlen und Zählen

Kardinal Henry Beaufort *1377 – 1447, britischer Staatsmann und Kirchenfürst, Stiefbruder Heinrichs IV.*
Der Siebzigjährige begann zu jammern: »Ist denn mit Geld gar nichts zu machen? Kann man den Tod nicht bestechen?« Verlust der menschlichen Würde. (Bei so einem schönen Namen.) Hierzu siehe auch Elisabeth von England und andere.

Zielesch, S. 25

Michelangelo Buonarotti *1475 – 1564, italienischer Maler und Bildhauer*
»Ich befehle meine Seele Gott, meinen Leib der Erde und mein Vermögen meinen Angehörigen.«

Zielesch, S.30

Elisabeth I. von England *1533 – 1603*
»Alle meine Schätze für eine einzige Minute.« Recht unköniglich.

Herausgeschnittenes Zeitungsblatt

Francois Lesdiguières *1543 – 1626, Marschall von Frankreich*
Um auf den Konnetabel zurückzukommen, so hat Besancon folgendes von seinem Tode berichtet: »Nun erschienen Mön-

che, denen er 4000 Taler gegeben hatte, und die noch gern mehr bekommen wollten. Zur Belohnung versprachen sie ihm das Paradies. ›Seht, meine Väter‹, meinte er, ›wenn ich für viertausend Taler nicht zu retten bin, werde ich es auch nicht für achttausend sein. Lebt wohl.‹ Er starb auch so, mit der ruhigsten Miene von der Welt.«

Tallemant des Réaux: Geschichten. Deutsch von Otto Flake. Georg Müller, München 1913, I, 40. Daselbst auch die näheren Umstände

Thomas Fantel de Lagny *1660 – 1734, französischer Mathematiker, Mitglied der Akademie der Wissenschaften*

Sterbend erkannte er keinen von seinen Freunden mehr. Da beugt sich einer von ihnen herab und fragt leise: »Was ist die Quadratzahl von zwölf?« Unverzüglich antwortet der Sterbende: »144.«

Zielesch, S. 61; Aveline

```
John Jay 1745-1829, amerikanischer Diplomat
„Ich möchte ein anständiges Leichenbegäng-
nis haben, aber nicht prunkvoll. Keine
Schleifen und Ringe! Statt dessen gebe ich
zweihundert Dollars jeder armen Witwe oder
Waise der Stadt, die meine Kinder aussuchen
werden."
```

Le Comte

Oscar Wilde 1854 – 1900, englischer Schriftsteller

Es entgeht ihm nicht, daß einer der beiden Ärzte, die zu dem Sterbenden gerufen werden, angesichts der Armseligkeit des Sterbezimmers sich Sorgen um das Honorar macht. Er sagt zu ihnen: »Entschuldigen Sie mich, meine Herren! Ich sterbe über meine Verhältnisse.«

Aus dem Gedächtnis von Hermann Lange

Nikolai von Wrangel

Als Nikolai schon nichts mehr begriff, was man ihm sagte, stand er doch noch zuweilen auf, schwankte zum Schreibtisch, nahm Bücher und lag dann stundenlang, ein Mathematikbuch in der Hand und starrte hinein. Seine letzten Worte waren: »Die Breite, die Länge, das ist so wunderbar interessant.«

Aus: Margarethe von Wrangel 1876-1932. Aus Tagebüchern, Briefen und Erinnerungen dargestellt von Fürst Wladimir Andronikow. Verlag Albert Langen/Georg Müller, München 1935

Anonym

Ein alter Jude auf dem Sterbelager, nachdem er jedes seiner Familienmitglieder namentlich gerufen und dabei erfahren hatte, daß alle anwesend sind: »Und wer ist im Geschäft?« Fast preußisch. Zu den Diesseits bezogenen Aussprüchen.

Brieflich Mitteilung von Walter Henin

Fortgesetzte Tätigkeit

Archimedes *287 – 212 v. Chr., griechischer Mathematiker*
»Störe meine Kreise nicht!«

(ohne Quellenangabe)

Torquato Tasso *1544 – 1595, italienischer Dichter*
Der Kardinal Cintio bringt dem Sterbenden den päpstlichen Segen. Der Dichter nennt diesen Segen eine »Krönung, kraft derer er im himmlischen Kapitol zu bestehen hoffe«. Bittet den Kardinal dann, den letzten Lobgesang zu verbrennen, den er nicht vollenden konnte, und fügt hinzu: »Verbrennt alle meine Dichtungen.« Fügt noch hinzu, daß auch seine anderen Werke nicht viel taugten. Das schlechteste von allen aber sei das »Befreite Jerusalem«. (Hier zu untersuchen, ob solche Ablehnung des eigenen Opus in der Todesstunde häufiger.)

Zielesch, S. 43

Jean Baptiste Poquelin Moliére *1622 – 1673, französischer Dramatiker und Schauspieler*
Das Krankenzimmer war kärglich beleuchtet, Moliére blutüberströmt (Blutsturz), vom Todesfrost geschüttelt, lag in

einem Armstuhl und warf in die leisen Gebete der frommen Schwestern Stellen aus seinen Rollen. »Barmherziger Gott erbarme dich seiner armen Seele!«, flüsterte es hier unter Tränen, und dort lachte Moliére: »Du hast es gewollt, George Dandin!« Hier schluchzte es: »Vergib ihm, Vater im Himmel, seine Sünden«, und dort hüstelte Moliére seinen berühmten Husten aus dem »Geizigen«. So, unter den Gebeten der Nonnen und dem Herausstoßen von Bruchstücken aus seinen Rollen, verschied er. Er starb im 52. Jahre, im 13. seiner dramatischen Laufbahn.

Wehl

Madame de Pompadour *1712¹ – 1764, Herzogin, Mätresse von Ludwig XV.*

In ihrer Agonie noch gab sie bis zu ihrem letzten Seufzer Audienz. Einige Stunden vor ihrem Tode arbeitete sie noch mit Janelle, welcher kam, um ihr geheime Mitteilungen über die Post zu machen. Dann, als sie fühlte, daß alles vorüber war und daß sich alles auslöschen sollte, hörte sie mit diesem Worte auf, das ihrem Tode ein fast antikes Lächeln gab: »Einen Augenblick, Herr Pfarrer, wir werden zusammen fortgehen.«

Jules und Edmond de Goncourt: Frau von Pompadour. Übertragen und herausgegeben von M. Jansen und B. Rhein. Rösl und Cie, München 1922, S. 279

Novalis (Friedrich von Hardenberg) *1772 – 1801, deutscher Dichter*

Ludwig Tieck erzählt, daß Novalis einmal kurz vor seinem Tode geäußert habe: »Bislang wußte ich nicht, was Dichtkunst ist. Zahllose Lieder und Gesänge von ganz anderer Prägung als meine früheren Gedichte steigen in mir auf.« Also kein eigentlich letztes Wort. Doch zu verwenden im Zusammenhange mit Björnsons und anderen Äußerungen, aus denen hervorgeht, daß substantielle Dichterkraft erwacht.

Zielesch, S. 111

```
Johann Friedrich Sillig 1773-1822,
Diakonus in Döbeln
Gegen Dezember 1822 fanden ihn die Seinen
merklich verändert. In der Nacht des 16. trat
in überspannten oder unverständlichen
Äußerungen der Irrsinn entscheidend hervor.
Von da an kehrte er nicht mehr zu völligem
Bewußtsein zurück, obgleich er seine Ange-
hörigen erkannte. In den Traumbildern, die ihn
umgaukelten, versicherte er, „bald Wonnevolles
gesehen, bald sich in einer übervollen Kirche
zu Tode gepredigt zu haben".
```

Bülau: Geheime Geschichten Bd. 3 Brockhaus Leipzig 1863

Jaques-Louis David *1748 – 1825, französischer Historienmaler*

Als ihm ein Abdruck seines »Leonidas an den Thermopylen« gebracht wurde, deutete er mit dem Spazierstock Verbesserungen an: »Zu dunkel ... zu hell ... das Verdunkelnde des Lichtes ist nicht gut genug angedeutet ... diese Stelle ist verwischt ... dennoch muß ich zugeben, das ist ein einzigartiger Kopf des Leonidas.«

Le Comte

Bernard Delaville Comte de Lacépèdre *1756 – 1826, französischer Zoologe und Naturforscher*
Verlangte sein unbeendetes Manuskript und sagte zu seinem Sohn: »Karl, schreibe in großen Buchstaben das Wort ENDE an den unteren Teil der Seite!«

Le Comte

Marie-Antoine Carême *1784 – 1833, berühmter Koch, u.a. Talleyrands*
Das Genie, das Napoleon unter den Feldherren war, war unter den Köchen Carême, der Koch Talleyrands, des Prinzen von Wales, des Zaren Alexander, des Wiener Kongresses, der Freund Rossinis, des Komponisten der schmackhaften Musik und der geistreichen Saucen. Als es mit Carême zu Ende ging, murmelte er noch einmal die Namen seiner Bravourgerichte, entwarf noch in der Agonie unerhörte Diners, kühne Zusammenstellungen und rief, Napoleon auch hierin gleich, noch einmal seine Stichworte.

Aus einer Basler Zeitung

Aaron Burr *1756 – 1836, Senator des Staates New York, später Vizepräsident unter Jefferson*
Duell mit (seinem Rivalen Alexander) Hamilton, der starb.... Dr. Hossack, der schon Hamilton in seinen letzten Atemzü-

Autor	Letztes Wort	Quelle
Allgemeines : Über die Schwierigkeit der Quellen-Angaben :		
	1. Berichte gehen auseinander.	
	2. Mündliche Mitteilungen	
	3. Das Ganze aber weniger eine Frage der Authentizität. Anekdotischer, allgemeiner Wert. Letztes Wort wird verliehen.	
	4. Bei den Mitteilungen muß man sich oft auf Gewährsmänner verlassen.	

Autor	Letztes Wort	Quelle
Allgemein :		
	Letzte Worte werden auch verfälscht, weil Interesse, sei es politisch, sei es sonst besteht.	
	Letzte Worte in diesem Sinne gehören zur letztwilligen Verfügung und sind Objekt der Testamentsfälschung.	
	S. Palamos !	

gen begleitet hatte, informierte Mr. Burr, daß seine Stunde nahe war. »Er ist ein gräßlicher Narr«, keuchte der Colonel zu Adrian Verplanck, der sich im Zimmer aufhielt. »Öffnen Sie diese Schublade. Sehen Sie den Brief dort in der Schachtel? Er ist von einer Dame, die für heute ihren Besuch ankündigt. Jeder, der glaubt, ich würde mit der Aussicht auf so eine Verabredung sterben, kennt Colonel Burr nicht.« »Allerhöchstens noch 24 Stunden«, sagte der Arzt. »Doktor, ich kann nicht sterben. Ich sollte nicht sterben. Mein Vater und meine Mutter und die Großeltern und Onkel und Tanten sind alle fromme und gute Leute. Sie beteten wohl tausend Mal für meine Konversion. Wenn Gott Gebete anhört, wird er mich nicht sterben lassen, bevor diese Gebete beantwortet sind. Es ist unmöglich, daß ein Kind so vieler Beter verloren geht.«

Great Stories from great lives. Edited by Herbert V. Prochnow. Harper & Broth. Publisher New York/London 1944. (entnommen Holmes Alexander: Aaron Burr, The Proud Pretender. Harper & Broth., New York 1937, pp 354-356

```
Hokusai 1760-1849
Als der berühmte japanische Maler und
Holzschnittmeister Hokusai, der in seinen
neunzig Lebensjahren angeblich dreißigtau-
send ausgezeichnete Bildblätter geschaffen
hat, im Sterben lag, sagte er zu seinen
Schülern: „Wenn ich noch fünf Jahre leben
könnte, würde ich ein wirklich großer Maler
werden."
```

Die Neue Zeitung, Nr. 74 / 28., 29.März 1953 / Seite 17

Daniel-Francois-Esprit Auber *1782 – 1871, französischer Komponist*
Beschäftigte sich in Fieberphantasien mit Partituren: »Schreiber, versuch es schnell – halt, warte einen Augenblick! – Stell die Pedale ab!« Dann Agonie.

Bloch I, S. 11

Jules Michelet *1798 – 1874, französischer Historiker*
Der Arzt ordnete an, das Leintuch des Patienten zu wechseln: »Leinen, Doktor, Sie sprechen von Leinen. Wissen Sie was Leinen ist? – Das Leinen des Bauern, des Arbeiters.... Leinen, etwas Großartiges.... Ich möchte ein Buch darüber schreiben.«

Le Comte

Jean-Baptiste Camille Corot *1796 – 1875, französischer Landschaftsmaler*
»Ich hoffe von Herzen, daß man im Himmel malen kann.«

André Maurois: Die Kunst zu leben

Benjamin Disreali Earl of Beaconsfield *1804 – 1881, britischer Premierminister*
...aber der Kranke sagte: »Ich werde diesen Anfall nicht überleben. Ich fühle, daß es ganz unmöglich ist.« Einst hatte er geschrieben: »Man muß dem Tode stolz entgegengehen.«... Er verlangte nachdrücklich zu wissen, ob er im Sterben liege, wobei er hinzufügte: »Lieber möchte ich am Leben bleiben, aber ich habe keine Angst vor dem Sterben. Er beobach-

tete seinen Todeskampf mit dem Gleichmut eines Künstlers. Mühsam korrigierte er im Liegen den Druckbogen seiner letzten Rede: »Ich will nicht mit dem Rufe eines schlechten Grammatikers auf die Nachwelt kommen.«... Am 19. April, gegen 2 Uhr morgens erkannte Dr. Kidd, daß das Ende herannahte.... Seine Lippen bewegten sich, aber seine Freunde, die sich über ihn beugten, konnten nicht ein einziges Wort verstehen. Er fiel zurück.

André Maurois: Benjamin Disraeli Lord Beaconsfield. Sein Leben. S. Fischer Verlag, Berlin 1928

Karl Julius Ploetz *1819 – 1881, deutscher Gymnasiallehrer und Schulbuchautor*

Der alte Professor Ploetz, Verfasser der französischen Grammatik, die Generationen von Schülern begleitet hat, lag auf dem Sterbebett. Verwandte und Freunde, die voller Trauer und Ehrfurcht vor der Majestät des Todes das Sterbezimmer füllten, vernahmen plötzlich die leise Stimme des Gelehrten: »Man kann konjugieren: Ich sterbe, ich werde und ich würde sterben, aber nicht mehr ich starb und ich bin gestorben...« Das waren seine letzten Worte.

(Zeitungsausschnitt)

Paul Cézanne *1839 – 1906, französischer Maler*

Er wiederholte im Delirium immer wieder den Namen des Curators vom Aachener Museum, der hartnäckig seine Bilder zurückgewiesen hatte. Der Name war »Pontier«.

Le Comte

John Benjamin Murphy 1857–1916,
amerikanischer Chirurg

Von Dr. Loyal Davis' „J.B. Murphy, Stormy Petrel of Surgery" präsentieren wir einen kurzen, ungewöhnlichen Auszug. „Und nun", sagte der Sterbende zu Dr. K., „nehmen Sie ein Papier und schreiben Sie, was ich Ihnen diktiere. ... Ich wünsche eine Autopsie nach meinem Tod. Man wird Verkalkungen in meiner Aorta finden und Zerstörungen an der inneren Membran. Diese Veränderungen wurden durch eine lang andauernde Infektion irgendwo in meinem Körper verursacht. Zwei weitere Punkte möchte ich sorgfältig untersucht wissen: meinen Blinddarm, da ich als Knabe eine Blinddarmentzündung hatte, und als ich in Deutschland studierte, hatte ich eine Niereninfektion, also untersucht sorgfältig meine Nieren." Dieser Mann war mehr um seine Autopsie besorgt als um sein Leben. Wenn er einen Wunsch frei gehabt hätte, dann zweifellos den, seine Autopsie selbst vorzunehmen.

Great Stories from Great Lives (a Gallery of Portraits from Famous Biographies) edited by Herbert V. Prochnow (Author of "The Public Speaker's Treasure Chest"). Harper & Brothers Publisher, New York and London, 1944

Auguste Rodin *1840 – 1917, französischer Bildhauer*
»Und die Leute sagen, Puvis de Chavannes sei kein großer Künstler!«

Le Comte

Auguste Renoir *1841 – 1919, französischer Maler*
»Ich mache immer noch Fortschritte.«

Aveline

Alexander Graham Bell *1847 – 1922, britischer Erfinder und Unternehmer*
(diktierend, obwohl seine Frau sagte: Bitte, beeil dich nicht!):
»Aber ich muß! So wenig getan! So viel zu tun!«

Le Comte

Joseph Wright *1855 – 1930, englischer Philologe*
»Dictionary.«

Le Comte

Carl-Friedrich von Langen *1887 – 1934, deutscher Reiter*
Am 25. Juli 1934 startet Carl-Friedrich von Langen zur olympischen Military. Am letzten Hindernis stürzt er. Allein Frau von Langen und der getreue Stallmeister Hertel stehen an diesem Hindernis. Es dauert fast eine Stunde, bis Hilfe kommt. Da ist es zu spät. Einmal aus halber Bewußtlosigkeit erwachend sieht Friedrich von Langen in das tränenüberströmte Gesicht seiner Frau, in deren Schoß sein Kopf ruht. Da sagt er: »Mimusch, nicht böse sein … es

hat mir doch ... solchen Spaß gemacht.« Noch viele Tage und Stunden wehrt er sich, aber dann, in der Nacht vom 2. zum 3. August, ist der Tod der Stärkere geblieben. Das Reiterschicksal des Hanko von Langen hat sich vollendet. »Reiter ohne Furcht und Tadel ... Wahrer Herzensadel ...« Das sind seine letzten Worte, gesprochen schon aus dem großen Dämmern heraus.

Clemens Laar: ... reitet für Deutschland. Adolf Sponholtz Verlag, Hannover 1936, Seite 90/91

Sacha Guitry 1885–1957

Seine letzten Worte: „Ich darf meinen Auftritt nicht versäumen", flüsterte der 72jährige französische Schriftsteller, Schauspieler und Regisseur Sacha Guitry. Dann starb er in den Armen seiner fünften Frau, der 31jährigen Lana Marconi.

Quick, 10. August 1957

Freunde, Feinde, Vaterländer

Epaminondas *418 – 362 v. Chr., Feldherr der Thebaner bei Mantinea*

Durch Speer verwundet. Spitze steckt im Körper, wird sie herausgezogen, so muß der Schwerverwundete verbluten. Noch darf er nicht sterben, denn wer sollte an seiner Stelle Befehle geben. Da tritt ein Läufer ins Zelt. Der Feind ist geschlagen, die Schlacht gewonnen. Epaminondas zieht die Speerspitze aus der Wunde: »Ich habe lange genug gelebt, da ich unbesiegt sterbe.« Der Tod als Burg der Freien und Tapferen.

Zielesch, S. 43

Enea Silvio Piccolomini *1405 – 1464, Humanist und Diplomat, regierte als Papst Pius II. 1458 – 1464*

Stirbt in Ancona, mitten in den Vorbereitungen zum Türkenkrieg. Er läßt sich an den Strand zur venetianischen Flotte tragen. »Bis heute hat mir eine Flotte zu meiner Ausfahrt gefehlt, jetzt muß ich der Flotte fehlen.« Wenige Stunden danach ist er tot.

Sauer I., S. 134 (Hier und im folgenden: Dr. Kurt Sauer, Frankfurt am Main: „Ultime Parole Lingua di Sangue – Letzte Worte, Sprache des Blutes". Dreibändiges Typoskript aus dem Nachlaß von Ernst Jünger)

Pierre du Terrail Ritter von Bayard 1476 – 1524
Wird in der Schlacht verwundet. Küßt den in Kreuzesgestalt geformten Knauf seines Schwertes. Befiehlt, ihn mit dem Gesicht zum Feinde zu lagern, wobei man seinen Kopf durch einen Stein vom Feldrande stützen muß: »Da ich bis jetzt dem Feinde niemals den Rücken gekehrt habe, möchte ich am letzten Tage nicht noch damit anfangen.« (handschriftlich:) »Der Ritter ohne Furcht und Tadel.«

Zielesch, S. 31

Johann t'Serclaes Graf von Tilly 1559 – 1632, *Feldherr im Dreißigjährigen Krieg*
»Sagt dem Herzog von Friedland, daß ich vergnügt sterbe, da ich unseren gefährlichsten Feind mit mir getötet weiß.«

Nach dem Gedächtnis von H. Lange

Wallenstein 1583 – 1634, *Oberbefehlshaber der Kaiserlichen Armee im dreißigjährigen Krieg, fiel in Ungnade und wurde von kaisertreuen Offizieren ermordet*
Unerschrocken, wie er gelebt, starb Wallenstein, ja, als er sah, daß er seinem Schicksal nicht mehr entrinnen konnte, bot er mit einem mutigen »Da!« die wehrlose Brust dem Todesstoße.

(ohne Quellenangabe)

Richelieu 1585 – 1642, *französischer Kardinal*
Soll auf des Beichtvaters Mahnung, seinen Feinden zu vergeben, geantwortet haben, er habe keine Feinde gehabt, es

seien denn die des Staates. Wenn dieses Wort gesprochen worden ist, enthält es eine grobe Unwahrheit.

Hertslet, S. 257. (Hier und im Folgenden: W.L. Hertslet: Der Treppenwitz der Weltgeschichte. 10. Auflage, bearbeitet von Helmolt. Bei Haude und Spener, Berlin 1927)

Nathan Hale 1755 – 1778, *amerikanischer Offizier*

»Ich bedaure nur, daß ich bloß ein Leben für mein Vaterland zu verlieren habe.«

Le Comte

Marquis de Mirabeau 1749 – 1791, *französischer Schriftsteller, Aufklärer, Revolutionär, vermutlich vergiftet*

Er hing mit allen Fasern der Seele an dieser Welt. Für ein Jenseits hatte er keinen Sinn. »Ich scheide mit der Trauer um die Monarchie, deren Leichentuch ich mit ins Grab nehme«, waren seine letzten klaren und bedeutenden Worte.

Wehl

Theodor Körner 1791 – 1813, *deutscher Schriftsteller, Lyriker, Freiheitskämpfer in den Befreiungskriegen gegen Napoleon*

Körner hatte gehört, daß Retraite geblasen wurde, wollte jedoch nicht zurückweichen. – Er kehrte sich zu den Jägern und rief: »Hurra, Jäger, vorwärts!« Alle stürmten vorwärts, Körner 15 bis 20 Schritte voraus. Da kam die verhängnisvolle Kugel. »Da hab' ich auch eins weg…« sagt Körner und sinkt tot vom Pferde.

Bloch II, S. 124

George Canning *1770 – 1827, englischer Staatsmann*
»Spanien und Portugal.«

Aveline

Ramón Maria Narváez *1800 – 1868, spanischer Marschall*
Auf die Aufforderung seines Beichtvaters, seinen Feinden zu vergeben: »Das hat gar keinen Zweck, sie sind sämtlich tot.« Hierzu siehe auch Richelieu. Ähnliches ferner bei Friedrich Wilhelm I.

Hertslet, S. 307

```
Obergefreiter Müller †1870 im deutsch-
französischen Krieg
```
```
„Herr Hauptmann, melde gehorsamst, daß ich
tödlich getroffen bin!" salutierte stramm
der Obergefreite Müller am nämlichen Ge-
schütz, indem er noch weiterbediente.
```

K. Bleibtreu, Schlachtenbücher 1870, S. 66. aus: Sauer, III/IX

Vizefeldwebel Berg, *gefallen im deutsch-französischen Krieg*
Brach mit der Fahne tödlich getroffen zusammen: »Mir ist es recht, wenn wir nur siegen!«

Sauer I, IX

Sergeant Lucas, *gefallen im deutsch-französischen Krieg*
»Laßt mich sterben im Angesicht des Feindes, die Stirn nach vorn. Ihr aber tut euere Pflicht.«

K. Bleibtreu, Schlachtenbücher 1870, S. 75. aus: Sauer III/IX

Leutnant Chesson Campmorin de Jarossé, *gefallen im deutsch-französischen Krieg*
»Meine Freunde, rächt mich, es lebe Frankreich!«

Sauer II/IX (nach Bleibtreu)

Wilhelm I. *1797 – 1888, deutscher Kaiser*
»Dazu habe ich jetzt keine Zeit.« Auf die Frage, ob er etwas ruhen wolle. Danach hat das Sprechen mit geringen Unterbrechungen bis 3 Uhr morgens angehalten, ist aber immer unverständlicher geworden. Bemerkenswert ist, daß während der ganzen Zeit ein Gedanke vorherrsche: Krieg gegen Frankreich und unser Bundesverhältnis zu Rußland. (Anscheinend Bericht der Ärzte v. Lauer und Leuthold.)

Paul Wiegler: Wilhelm der Erste. S. 629

Otto von Bismarck *1815 – 1898, Politiker, Reichskanzler von 1871 – 1890*
»O Gott, nimm mein schweres Leiden von mir, oder nimm mich auf in Dein himmlisches Reich, behüte meine Geliebten und behüte auch mein Land und laß es nicht verloren gehen.« Letztes Gebet des Fürsten Otto v. Bismarck.

Bericht der Tochter

Das letzte Wort des sterbenden Bismarck, in einem dunkel bleibenden Zusammenhang gemurmelt, soll »Staatsraison« gelautet haben.

Nach Werner Richter: Das Bild Bismarcks. In: Die Neue Rundschau, 63. Jg. 1952, H.1., S.47

Tom von Prince *1866 – 1914, Hauptmann in Deutsch-Ostafrika*
November 1914: Aus Maschinengewehren peitscht der Tod, Feuer der Hölle, Zielfeuer englischer Elitesoldaten. Die Princeleute kämpfen entgegen wie Verzweifelte. Blut bricht aus den Uniformen, wie abgezählt sinken die Gewehre, eins, drei, sechs, neun, zwölf ... Ohne Deckung kann die Satanei nur Minuten dauern und die letzten sind verstummt mit Waffe und Mund. Tom Prince fliegt der Helm vom Kopf. »Teufel auch, die schießen gar nicht schlecht«, sagt er und verzichtet in Ruhe auf persönliche Erwiderung. Dann reißt es ihn hoch, langsam sinkt er in die Knie, dreht sich zur Seite, fällt auf den Leib eines Freundes und verblutet.

Hans Schwarz von Berk: Tom von Prince. in: Die Unvergessenen, hrsg. von Ernst Jünger. München 1928. S. 277

Amadeo Modigliani *1884 – 1920, italienischer Maler*
»Cara, cara Italia.«

Knaurs Lexikon Moderner Kunst, München 1955, p. 198

Lenin 1870-1924, Kommunistenführer, Gründer der Sowjetunion
„Ihr wißt, weshalb mir so elend zumute ist. Unser Ziel war, einer großen Menge von Menschen die Freiheit zu bringen. Aber unsere Methoden und unser Einfluß haben schlimmere Übel gebracht. Jetzt ist es zu spät. Wenn wir unser Land, Rußland, hätten retten wollen, hätten wir zehn Männer wie

Autor	Letztes Wort	Quelle
Allgemein	Letzte Worte sind eine Unterdisziplin der Geschichte, die sie gewissermaßen vervollständigen. So findet man selten eine Biographie, die nicht Kenntnis nimmt von dem, was der Abgeschiedene in den letzten Augenblicken gesprochen hat.	

Autor	Letztes Wort	Quelle
	Allgemein : Bei einem solchen Thema tritt der Autor auch ein wenig in das Amt des Totenrichters ein.	

Franz von Assisi gebraucht. Mit zehn solchen Männern hätten wir Rußland retten können."
Weiteres letztes Wort, nach Spitzer: „Wenn er nur einem einzigen Christen begegnet wäre, der so gewesen wäre wie Paulus, so wäre er auch Christ geworden."

Herbert v. Krumhaar in einem Brief an Breschnew vom 5.10.1975, zitiert nach einer Quelle aus den USA, »Catholic Quote«. Übermittelt mit Brief vom 18.4.1978 durch Rolf Itaaliander

Anonym Feldwebel G.
Mit Herzschuß an der Maginotlinie zusammenbrechend: »Heil Hitler!«

Mündlich (Pfarrer Paul Bauer, Heilbronn)

Anonym Gefreiter M.
Splitterdurchlöchert: »Leck mich die ganze Welt am Arsch!«

Mündlich (Pfarrer Paul Bauer, Heilbronn)

Ratschläge, Grüße, Anweisungen

Joseph, *Sohn Jakobs*
24. Und Joseph sprach zu seinen Brüdern: Ich sterbe, und Gott wird euch heimsuchen und aus diesem Land führen in das Land, das er Abraham, Isaak und Jakob geschworen hat. 25. Darum nahm er einen Eid von den Kindern Israel und sprach: Wenn euch Gott heimsuchen wird, so führet meine Gebeine von dannen. 26. Also starb Joseph, da er war 110 Jahre alt.

1 Mose 50, 24-26

Sappho ca. 630 – 570 v. Chr., *griechische Dichterin*
Gedicht an ihre Tochter: »Jedoch nicht recht ist's, daß im Haus der Lieder Trauer herrscht. Nicht schicken solche Dinge sich für uns.«

Le Comte

Buddha + 480 v. Chr.
Über 80jährig, nachdem er 44 Jahre als wandernder Mönch gewirkt.... Und weiter sagte Buddha zu Ananda, kurz bevor er starb: »Ananda, vielleicht werdet ihr denken: Das Wort hat seinen Meister verloren, wir haben keinen Meister mehr. Das sollt ihr nicht denken, Ananda, die Lehre und

die Regel, die ich euch gelehrt und verkündet habe, die ist euer Meister, wenn ich von euch gehe.« Und zu den Jüngern sagte er: »Nun wohl, meine Jünger, das sage ich Euch: Alles, was entstanden ist, muß wieder vergehen.... Hört nicht auf zu kämpfen!« Das waren seine letzten Worte. Da erhob sich seine Seele von der einen Ekstase in die andere, durch alle Stufen der Entrückung, und so ging er ein in Nirvana.

Martensen-Larsen, S. 224

Sariputta, *Schüler Buddhas*

»Harret bis zum Ende standhaft aus. Ich will jetzt völlig erlöschen.«

Kurt Schmidt: Buddhistische Heilige. Charakterbilder. C. Wellner & Co Verlag, Konstanz

Haimonius + *490 v. Chr., Schnellläufer von Marathon*

Aus Athens größter Zeit: Der Schnell-Läufer Haimonius bringt die Siegesbotschaft von Marathon nach Athen. Er stürzt bis zum Rathaus und bricht dort zusammen mit dem Ruf: »Ehairete kai chairomen! Freut Euch, auch wir freuen uns!«

Sauer II/53

Theophrast *371 – 287 v. Chr., Schulvorsteher des Peripatos*

Als die Schüler ihn um ein letztes Wort bitten: »Aufzutragen habe ich nichts! Wohl aber darf ich sagen, daß das Leben mit seiner leidigen Ruhmsucht mancherlei Freuden vortäuscht. Wenn wir anfangen zu leben, sterben wir. Nichts ist also unnützer als die Ruhmsucht. Ich wünsche Euch Glück auf dem Weg und rate Euch: Entweder entsaget dem Betrieb der Wissenschaft – denn die Mühe ist groß – oder nehmet es ernst mit ihr – denn der Ruhm ist groß. Das Leben bietet mehr Nichtiges als Nützliches. Für mich ist die Zeit vorbei zu raten, was zu tun sei. An Euch aber ist es, auszuschauen, was zu tun sei.« Bei diesen Worten gab er seinen Geist auf – so wird erzählt.

Sauer II/29

```
Ludwig XIII. 1601-1643, König von Frank-
reich
Als er sich dem Tode nahe fühlte, aber wohl
noch nicht an sein Ende glaubte, ließ er
sich den 5jährigen Thronfolger aufs Bett
setzen, um sich von ihm vorplaudern zu
lassen. Nachdem dies eine Weile geschehen,
fragte er den Knaben scherzend: „Wie heißt
du denn?" „Ludwig XIV.!" antwortete das
Kind. „Noch nicht! Noch nicht!" stöhnte der
Leidende, indem er ein Zeichen gab, den
Knaben fortzunehmen und sich dann verschei-
dend zur Wand kehrte.
```

Wehl

Gebhard Leberecht von Blücher *1742 – 1819, preußischer Generalfeldmarschall*

Kurz vor seinem Ende raunte er seinem Kriegskameraden Nostiz, der treu bei ihm aushielt, zu: »Sie haben manches von mir gelernt, jetzt sollen sie auch noch lernen, wie man in Ruhe stirbt.«

Wehl

Jeremiah Evarts *1781 – 1831, amerikanischer Missionar*
»Wunderbarer Glanz! Wir können nicht verstehen – nicht begreifen – wunderbarer Glanz – ich will ihn preisen, will ihn preisen. Wer ist im Zimmer? Ruft alle herein, ruft alle, laßt viele, viele kommen – ich möchte Anweisungen geben – wunderbarer Glanz – Jesus herrscht.«

Le Comte

Sir Walter Scott *1771 – 1832, schottischer Dichter*
Zu seinem Schwiegersohn: »Mein Lieber, sei ein guter Mann.« Er starb ruhig, daß seine Umgebung ganz deutlich den Laut hören konnte, den er so sehr geliebt hatte, das leise Rauschen im Laub der Bäume.

Bloch I, S. 73

Charles-Maurice de Talleyrand-Périgord *1754 – 1838*
Als man ihm später mitteilte, der Geistliche, der ihm die Sterbesakramente gereicht, sei von seiner Ergebung und Gottseligkeit so erbaut, daß er gerne sein Leben für das des Sterbenden hingeben würde, lächelte Talleyrand noch einmal und murmelte verscheidend vor sich hin: »Der gute Mann mag einen besseren Gebrauch von seinem Dasein machen.«

Wehl

Joseph Görres *1776 – 1848, Mystiker*

»Verrottete Völker leben nicht auf, auch verfaulte Dynastien leben nicht auf. Es ist eine schwere Zeit, eine schwerere wird kommen.«

(ohne Quellenangabe)

Nikolai Gogol *1809 – 1855, russischer Schriftsteller*

Gogols letzte Jahre waren sehr traurig; er litt unter mystischen Halluzinationen und Gewissensskrupeln, wollte sein Seelenheil retten und verbrachte viele Monate in entsetzlichen Angstzuständen. Seine letzten Worte waren: »Eine Leiter! Schnell! Bringt mir eine Leiter!«

Die Tat (Zürich), 1.3.1952

Sören Kierkegaard *1813 – 1855, dänischer Philosoph*

»Grüße alle Menschen; ich habe sie alle geliebt. Ich bin gar nicht besser wie die andern.... Ich bitte, daß es mir alles vergeben sein möge.... Was ich gesagt habe, sagte ich, um das Böse fortzuschaffen und zu dem Halleluja, Halleluja, Halleluja zu kommen.« Äußerungen zu seinem Jugendfreund Emil Boesen, der, als letzter am Totenbett, ein »Kreuzverhör« anstellte. Der Neffe Troels Lund bemerkte an Onkel Sören »scherzendes Lächeln«. Kierkegaard behauptet, seine Krankheit sei psychisch. Ob er an seinen »der Wirklichkeit nicht entsprechenden« Schriften etwas verändern wolle: »So soll es sein, sonst hilft es nichts.«

D. Oelsmür: Sören Kierkegaard. Göttingen 1929, S. 635f

Henry James Sr. 1811–1882, amerikanischer Philosoph
Zu seiner Tochter, die Freunde informieren sollte, welche Begräbnisvorbereitungen zu treffen wären: „Richte ihnen aus, daß man sagen soll: Hier ruht ein Mensch, der sein ganzes Leben lang alle Zeremonien, von der Geburt über die Hochzeit bis zum Tod als verdammte Absurditäten betrachtet hat."

Aveline

Gräfin Kanitz

Liegt im Sterben in mit Verwandten und dem Personal gefüllten Zimmer. Als sie hört, wie jemand den Arzt fragt, ob man ihr noch eine Spritze geben solle. »Halt's Maul, jetzt wird gestorben.«

Mündlich überliefert durch Herrn von Zastrow

Arnold Böcklin *1827 – 1901, Schweizer Maler*

Zu seinem Sohn, ihn eindringlich an beiden Händen fassend: »Arbeite, arbeite!«

Zielesch, S. 122

Rainer Maria Rilke *1875 – 1926, deutscher Dichter*

Kurz vor seinem Tode zu Frau Wunderly: »Vergessen Sie nie, – das Leben ist eine Herrlichkeit.«

Christiane Osann, R.M. Rilke, S.320

Fritz Hielscher *Vater Bogos (= Friedrich Hielscher)* gest. 1936
»Mein Junge, zerbrich dir nicht seinen Kopf!«

Mündlicher Bericht Bogos

Käthe Kollwitz *1867 – 1945, deutsche Malerin und Bildhauerin*
»Grüßt alle.«

Käthe Kollwitz: Tagebuchblätter und Briefe. Herausgegeben von Hans Kollwitz (Ihrem Sohn). Gebr. Mann Verlag, Berlin 1949, S. 16

Abschiede

Kratesiklea *ca. 250 v. Chr.*

Mutter des Spartanerkönigs Kleomenes III. Geht als Geisel mit den Kindern des Sohnes nach Ägypten. Echte Resignation spricht aus den Worten der Kratesiklea. Als sie die letzten Agiaden sterben sieht, sagt sie nichts weiter als: »Liebe Kinder, wohin seid ihr gegangen?«

Sauer II/65

Augustus *63 v. Chr. – 14 n. Chr., römischer Kaiser*

An seinen letzten Lebenstagen erkundigte er sich wiederholt danach, ob über seinen Zustand sich bereits im Publikum Unruhe zeige, ließ sich einen Spiegel reichen, das Haupthaar kämmen und die niedersinkenden Kinnladen in Ordnung bringen. Darauf richtete er an die Freunde, welche er vor sich gelassen, die Frage: »Ob sie nicht meinten, daß er das Schauspiel des Lebens ganz artig gespielt habe?« und fügte dann auf Griechisch die hergebrachte Schlußformel hinzu: »Hat das Ganze euch gefallen, nun so klatschet unserm Spiel, / Und beginnt mit Freuden Alle, insgesamt den Beifallruf!« Darauf verabschiedete er alle Anwesenden, und während er die eben aus Rom Ankommenden nach dem Befinden der kranken Tochter des Drusus fragte, verschied er plötzlich in den Armen der Livia, mit den Worten: »Livia, gedenke unserer glücklichen Ehe, und lebe wohl!« leicht und schmerzlos, wie er es immer gewünscht hatte. Denn so oft er früher vernahm, daß irgendwer schnell und ohne Schmerzen gestorben sei, pflegte er von den Göttern eine ähnliche Euthanasie für sich und die seinen zu erbitten. --- Hierbei zu beachten die schauspielerischen Elemente, die oft in das Sterben der antiken Personen mit einfließen, wie etwa bei Nero.

Sueton: Kaiserbiographien. Langenscheidt Klassiker, 106, S. 198

```
Der heilige Abt Agathon
(Als man ihn fragte: "Seid Ihr nicht sicher,
daß Eure Werke dem Willen Gottes gemäß
waren?"): "Ich glaube es nicht, bis ich vor
IHN getreten bin; denn anders ist das Urteil
Gottes, anders als das Urteil der Menschen.
... Erzeugt mir Eure Güte und sprecht nicht
zu mir, denn ich bin ganz in Anspruch ge-
nommen."
```

Le Comte

Margareta von Schottland *1046/47 – 1093, Königin*
»Pfui über das Leben dieser Welt. Schweigt mir von allem!«

Le Comte

Miguel de Cervantes 1547 – 1616, *spanischer Schriftsteller*
Als sich Miguel de Cervantes, der Dichter des »Don Quijote«, zum Sterben anschickt, lebt in seinem Herzen noch ein letzter Wunsch, den er sich zu erfüllen hat: uns Lebewohl zu sagen. Für mehr hat er keine Kraft mehr. Und so verlangt er zum letzten Male Feder und Papier und schreibt mit zitternder Hand und in unregelmäßigen Zügen sein letztes Lebewohl an die Menschen und Dinge: »Lebe wohl, anmutige Welt; lebt wohl, ihr schönen Worte; lebt wohl, ihr fröhlichen Freunde; ich werde sterben und möchte wünschen, euch ebenso zufrieden im anderen Leben zu sehen.« Das ist alles. Es ist das Letzte von ihm, was auf uns gekommen ist. Darauf versinkt er in Schweigen.

(Zeitungsausschnitt, ohne Quellenangabe)

Bernard le Bovier de Fontanelle 1657–1757, französischer Schriftsteller
Ein Neffe schreit in sein Hörrohr: „Wie geht es?" Fontenelle antwortet: „Es geht nicht, ich gehe."

Der Bund (Bern), 2.11.48

Madame de Staël 1776 – 1817, *französische Schriftstellerin*
»Jetzt sind sie kalt, meine geliebten Hände, jetzt sind sie schon ganz prosaisch.«

Von M. Schwarz übersandter Zeitungsausschnitt

Wilhelm Friedrich Waiblinger *1804 – 1830, deutscher Schriftsteller*
Er ließ sich zuletzt gern aus den Psalmen und dem Propheten Jeremia vorlesen, genoß das Abendmahl mit würdigem Ernst und verstarb, gepflegt von der Römerin, die man unter dem Namen Cornacchia kennt, Abends 11 Uhr mit einem selig lächelnden »Addio!« auf den erstarrenden Lippen.

Wehl

Friedrich von Sallet *1812 – 1843, deutscher Schriftsteller*
Er zog seinen Trauring vom Finger, reichte ihn seiner Frau und sagte: »Ich danke dir!«

(ohne Quellenangabe)

Frédéric Bastiat *1801 – 1850, französischer Ökonom*
»Ich bin nicht imstande, mich zu erklären.«

Le Comte

Charlotte Brontë *1816 – 1855, englische Schriftstellerin*
Zu ihrem neuen Mann: »Oh, ich sterbe doch nicht, oder? Er wird uns nicht trennen, wir waren so glücklich.«

Le Comte

Ernst Moritz Arndt *1769 – 1860, deutscher Schriftsteller*
»Drückt mir die Augen zu!« E.M. Arndt haucht diese Worte seiner Gattin ins Ohr.

Sauer II, 71

Autor	Letztes Wort	Quelle

Allgemeines :
    Beim Tode innerhalb der kultischen Gemeinschaft wird das letzte Wort oft eine Gebetsstelle sein. Der Sterbende kam beim Aufsagen oder Nachsagen der Sterbegebete bis hierher. Ein großes Beispiel auch das "Vater in Deine Hände--", das einer Psalmenstelle entspricht

Autor	Letztes Wort	Quelle
	Allgemeines:	
	Hang nach Formeln, etwa Sterbegebet, Sterbegesang.	

Eng 1811 – 1874, in Mekong, Siam. Einer der siamesischen Zwillinge

»Jetzt greift es nach mir, ich fühle es.«

<small>Revue, 18.6.61. (handschriftlich:) Siehe diesen Aufsatz über Doppelwesen! Bei den Anlagen</small>

Jenny Marx 1814 – 1881, Sozialistin, Ehefrau von Karl Marx

»Karl, meine Kräfte sind gebrochen.« Frau Marx starb am 2.12.1881, wie sie gelebt hatte, als Kommunistin und Materialistin.

<small>Paul Lafargue: Karl Marx. Persönliche Erinnerungen. in: Karl Marx. Eine Sammlung von Erinnerungen und Aufsätzen, hrsg. Marx-Engels-Lenin-Institut Moskau. Ring-Verlag AG, Zürich</small>

Fjodor Michailowitsch Dostojewski 1821 – 1881, russischer Schriftsteller

»Weißt du, Anja«, sagte mir Fjodor Michailowitsch fast flüsternd, »ich schlafe schon seit drei Stunden nicht und denke fortwährend nach, aber erst jetzt ist es mir klar zu Bewußtsein gekommen, daß ich heute sterben werde.« – »Mein Teurer, warum glaubst du das? ... du wirst noch lange leben, glaube mir es doch!« – »Nein, ich weiß, daß ich heute sterben muß. Zünde die Kerzen an, Anja, und gib mir das Evangelium.« Das Neue Testament hatte Dostojewski in Tobolsk während seines Antritts zur Zwangsarbeit in Sibirien von einer Dekabristenfrau erhalten. Er läßt sich vorlesen, Matthäus 3, 14 – 15. »Hörst du: ›Halte mich nicht zurück‹, folglich sterbe ich«, sagte mein Mann und schloß das Buch. Dann sprach er zu mir einige Worte, die nur sehr wenige Männer ihren Frauen nach 14jähriger Ehe sagen können:

»Vergiß nicht, Anja, daß ich dich immer innig geliebt und dich niemals, auch nicht in Gedanken, betrogen habe.« Den ganzen Tag verließ ich meinen Mann keinen Augenblick; er hielt meine Hand in der seinen und flüsterte mir zu: »Arme...Teure... – so mittellos lasse ich dich zurück! Ärmste, wie schwer wirst du zu kämpfen haben...Rufe die Kinder!« Fjodor Michailowitsch lag regungslos da. Die Kinder und ich knieten ihm zu Häupten nieder und weinten.

Erinnerungen der Anna Grigorjewna Dostojewski. Piper Verlag, München

Friedrich Nietzsche 1844 – 1900, *deutscher Philosoph*
Die Schwester nennt als letztes Wort, Stunden vor dem Tod gesprochen: »Elisabeth«.

Elisabeth Förster-Nietzsche: Das Leben Friedrich Nietzsches. C.G. Naumann, Leipzig 1904, 2. Bd. II. Abt., S. 932

Paula Modersohn-Becker 1876 – 1907, *deutsche Malerin*
»Wie schade.«

Mündliche Auskunft von Mathias Wiemann, nach dem Gedächtnis

Mark Twain 1835 – 1910, *amerikanischer Schriftsteller*
Bericht der Tochter Clara Clemens: »Am Donnerstag Morgen, 21. April 1910, erwachte er geistig klar und voller Vitalität, aber nicht zum Sprechen aufgelegt. Dann nickte er ein. Ich saß an seinem Bett, als er plötzlich die Augen öffnete, meine Hand nahm und mir fest ins Gesicht schaute. Leise murmelte er: »Auf Wiedersehen meine Liebe, vielleicht treffen wir...«

Clara Clemens: My Father. Harper & Brother Publ. 1931

Rose Beuret *1844 – 1917, langjährige Lebensgefährtin von Auguste Rodin*
»Das Sterben macht mir nichts aus, aber meinen Mann verlassen zu müssen! Wer wird sich um ihn kümmern? Was wird dem armen Ding zustoßen?«

Le Comte

Giacomo Puccini *1858 – 1924, italienischer Komponist*
»Elvira... meine Frau... Meine arme Frau!"

Aveline

Donn Byrne *1889 – 1928, irischer Schriftsteller*
(Verunglückte durch Autounfall): »Ich denke, ich mache noch eine Fahrt vor dem Abendessen. Kommt jemand mit?«

(ohne Quellenangabe)

Stefan George *1868 – 1933, deutscher Dichter*
George, der ein ewiger Wanderer war und im Molino über nicht mehr verfügte, als was in zwei Segeltuchkoffer ging, hatte einmal gesagt, der Reichtum des Indianers bestehe in Wolldecken. Als der Arzt ihm sagte, Boehringer habe eine schöne Daunendecke mitgebracht, sagte er, sterbend, im Darmstädter Dialekt: »Hawe mer all auch.« Später sagte er noch einmal »Kinder«. Und dann »Genug«. In der Nacht vom dritten zum vierten Dezember (1933) erlosch er.

Kasimir Edschmid: Georges Größe und Menschtum. In: Neue literarische Welt, 25.2.1952
(anscheinend nach Boehringers Buch)

Paul von Hindenburg 1847-1934, deutscher Generalfeldmarschall und Reichspräsident

Zu seinem Arzte Professor Sauerbruch in Neudeck, als der Abend dämmerte: „Sauerbruch, Sie haben mir immer die Wahrheit gesagt; Sie werden es auch jetzt tun. Ist Freund Hein bereits im Schloß und wartet?" Ich nahm seine Hand und sagte: „Nein, Herr Feldmarschall, aber er geht um das Haus herum." „Ich danke Ihnen, Sauerbruch, und nun will ich mit meinem Herrn dort oben Rücksprache nehmen." Sauerbruch ließ den Vorhang zurückziehen, um mehr Licht zu schaffen. „Lassen Sie es nur so, Sauerbruch, was ich lesen will, weiß ich ja auswendig seit langer Zeit." Blättert im Neuen Testament. Legt das Buch zurück: „Und nun, Sauerbruch, sagen Sie Freund Hein, er kann ins Zimmer kommen." Am nächsten Morgen war der Feldmarschall tot.

Friedrich Baun: Er ist unser Leben. 4., von Martin Haug bearb. Aufl., Steinkopf, Stuttgart 1937, S. 602

Lou Andreas-Salomé *1861 – 1937, Schriftstellerin, Psychoanalytikerin*

(Gest. 5.II.1937 im Alter von nahe 76 Jahren in ihrem Hause in Göttingen): Ganz zuletzt noch ließ sie sich mit geschlossenen Augen und nun dicht vor der Woge des letzten Schlafes, doch fast wie sonst auf ihrem Lager ruhend, von Alltäglichbegegnendem erzählen, wie noch kleine Stücke Lebens kostend. Dazwischen fiel das Wort: »Wenn ich meine Gedanken ziehen lasse, finde ich keinen Menschen; nur (das war gewiß unseretwillen hinzugefügt) ihr seid hier.« Und dann das andere: »Das Beste ist doch der Tod.«

Lou Andreas-Salomé: Lebensrückblick. Aus dem Nachlaß herausgegeben von Ernst Pfeiffer. Insel Verlag. Max Niehans-Verlag

Wolfgang Fischer *1888 – 1943, General, Oberkommandierender der Panzerverbände in Tunis*

Der General verliert beide Beine durch nicht gekennzeichnete Mine. Die Soldaten richten ihn auf, um »die schöne Welt noch einmal zu sehen«. In ein Notizbuch kritzelt er, auf jeder Seite nur ein bis zwei Worte: »Ruth – beide Beine weg – (nächstes Blatt:) linker Arm – (nächstes Blatt:) ich sterbe – (nächstes Blatt:) jetzt noch ...«

Rudolf Rahn: Ruheloses Leben. Aufzeichnungen und Erinnerungen eines deutschen Diplomaten. Diederichs-Verlag, Düsseldorf. S.214

Maurice Maeterlinck *1862 – 1949, belgischer Schriftsteller*

Zu seiner Frau: »Für mich ist das ganz natürlich. Aber du bist es, deretwegen ich betrübt bin.«

Le Comte

Anna Wagner

89jährig. Die Betreffende war 70 Jahre lang in Basel; eine gebürtige Wiesentälerin. Als treues Dienstmädchen über

50 Jahre tätig. Ein Original, unerschrocken und treu. – Ihre letzte Worte, als ich sie im Spital besuchte: »Ich sterbe gerne und habe keine Angst, -- aber daß ich Sie nicht mehr sehen soll...!« ½ Stunde später war sie bewußtlos, 3 Stunden später starb sie sanft ohne Kampf.

Persönliches Erlebnis, M. Meerwein

Hans Waldemar von Wulffen + 1943

»Nicht flennen, Halali blasen.« Auf Zettel geschrieben, weil er nicht mehr sprechen konnte. 76jährig sagte er: »Ich werde nun alt.« Großer Jäger. Märkischer Gutsbesitzer. Nachts 12 Uhr mit Fackeln im Walde unter Stein beerdigt.

Mündliche Mitteilung von Martin von Katte

Josef Weinheber 1892 – 1945, *österreichischer Lyriker, Propagandist des Nationalsozialismus*

»Geh nicht hinunter, bleib bei mir.« (zu seiner Frau Hedwig)

Josef Nadler: Josef Weinheber – Geschichte seines Lebens und seiner Dichtung. Salzburg 1952, S. 405

Knut Hamsun 1859 – 1952, *norwegischer Schriftsteller*

Zu seiner Frau: »Laß gut sein, Marie, ich sterbe jetzt.«

Die Tat, Zürich, 16.2.1957

II. Gewalttaten

Selbsttötungen

Sokrates *469 – 399 v. Chr., griechischer Philosoph*
Ruhig trinkt Sokrates den Giftbecher aus und bewahrt auch seine Ruhe, als die Umstehenden weinen. Still legt er sich nieder, als die Beine ihm absterben und die Kälte immer höher steigt im Unterleib. Allmählich war alles bis zum Nabel in Todeskälte erstarrt. Da zog er die Decke ab, die er bis dahin vor dem Gesicht gehabt hatte, und sagte (dies waren seine letzten Worte): »Kriton, wir schulden dem Äskulap noch einen Hahn. Vergeßt nicht, die Schuld zu bezahlen!« (Siehe auch Revidieren. Verhältnis zur Stoa, zur Ironie.)

Martensen-Larsen, S. 138

Zenon von Kition *323 – 261 v. Chr., griechischer Philosoph*
Fällt auf den Boden und bricht sich, hochbetagt, einen Finger. Schlägt mit der Hand auf die Erde, zitiert den Vers der aeschyleischen Niobe: »Ich komme schon, was rufst du mich?« – und erstickt sich.

Sauer I, 18

Marcellinus Tullius
Öffnet im Bade die Adern und stirbt, wie er selbst sagt, »nicht ohne angenehme Gefühle, wie sie mit einer solchen Auflösung verbunden zu sein pflegen«.

Sauer I, 20

```
Cato der Jüngere 95 - 46 v. Chr.,
römischer Senator und Feldherr
Zu seinem Freigelassenen, bevor er sich
selbst erdolchte: „Schließe die Tür!"
```

Le Comte

Peregrinus Proteus *um 100–165, griechischer Philosoph*
Peregrinus, der Kyniker, verbrennt sich nach Lukian, der Augenzeuge war, selbst, eine Stunde von Olympia entfernt, um Mitternacht, bei Mondenschein. Er wirft eine Handvoll Weihrauch ins Feuer, wendet das Gesicht gen Mittag und springt mit dem Rufe: »Ihr mütterlichen Dämonen und ihr väterlichen, nehmt mich freundlich auf!« in die Flammen.

Sauer II/76

Charlotte Mary Mew *1869 – 1928, englische Dichterin*
»Haltet mich nicht, laßt mich gehen.«

Le Comte

Egon Friedell *1878 – 1938, österreichischer Kulturhistoriker, Schriftsteller*
Als er sich 1938 in Wien beim Anschluß aus dem Fenster stürzt, ruft er dem unten stehenden Hauswirt zu »Bitt' schön, gehn's zur Seite!«

Hans Demiron: Hut ab vor Egon Friedell. Frankfurter Allgemeine, 16.3.1953

Virginia Woolf *1882 – 1941, englische Schriftstellerin*
Ertränkte sich in der Ouse, einem Flüßchen in Sussex, kaum daß sie ihr letztes Werk »Between the acts« vollendet hatte. Ihr weißer Spazierstock am Strand und zwei Briefe, wovon einer an ihren Gatten Leonard Woolf, der noch immer ihre Werke betreut, hatten ihr tragisches Schicksal verraten: »Ich fühle mit Gewißheit, daß ich wahnsinnig werde. Diese entsetzlichen Zeiten werde ich nicht mehr überleben!« – ihre eigenen nämlich.

Erik Wiget, Literaturbeilage in »Die Weltwoche«, Zürich 25. August 1950

Adolf Hitler *1889 – 1945*
»Goebbels, tragen Sie dafür Sorge, daß mein Körper und der meiner Frau gut verbrannt werden.«

Aveline

Heinrich Himmler *1900 – 1945, Reichsführer SS*
»Ich bin Heinrich Himmler.«

Le Comte

Anonym

Der Schwager eines Freundes endete durch Selbstmord. Er litt an Schwermut, war aber dabei als Spaßvogel viel belacht, – so auch, als er am letzten Abend in dem seiner Wohnung gegenüberliegenden Wirtshaus saß und beim Gehen erklärte: »Heut hab' ich noch 'nen weiten Weg.«

Brief von Dr. Schors vom 5.8.1950

Morde

Gaius Julius Cäsar *100 – 44 v. Chr., römischer Feldherr und Politiker*
Tullius Cimber tritt, als ob er um etwas bitten wolle, an ihn heran und wird durch eine Handbewegung abschlägig beschieden. Faßt darauf den Cäsar an beiden Schultern an der Toga. Darauf dieser: »Das ist ja Gewalt!« Als nun alle auf ihn eindringen, verhüllt er das Haupt mit der Toga, zieht zugleich mit der linken Hand den Faltenbausch derselben bis zu den Knöcheln nieder, um mit anständig bedecktem Unterleibe zu fallen, und wird in dieser Haltung durch 23 Streiche tot niedergestreckt, während er nur bei dem ersten Stoße einen Seufzer, aber kein Wort vernehmen ließ, obschon einige behaupteten, er habe dem auf ihn einstürzenden Brutus auf Griechisch zugerufen: »Auch du, mein Sohn?«
Sueton: Kaiserbiographien. Langenscheidt Klassiker, 106, S. 100

Marcus Tullius Cicero *106 – 43 v. Chr., römischer Konsul, Redner, Philosoph*
Bei seinem Lebensende tat Cicero nichts, was man positiv oder negativ verzeichnen müßte. Cicero erwartete in seiner gewohnten und natürlichen Haltung, nachdem er

seine Sänfte hatte hinstellen lassen (Plutarch, Cic. 48) den ihm bekannten, weil von ihm vereidigten Mörder: Popilius Lainas. Die Hand am Kinn schaute er ihn unverwandt an. Livius und Aufidius Bassus betonen, wie unbewegt er den Kopf aus der Sänfte gebeugt und den Nacken hingehalten habe: »Ein Cicero, um jenen Cicero zu beweinen, existiert nicht!«

Sauer

Sextus Afranius Burrus *ca. 15 – 62, römischer Politiker*
Zu Nero, der ihn am Sterbebette besucht und der ihn hatte vergiften lassen: »Mir geht es gut.«

Sauer I, 15

Vitellius *12 – 69, römischer Kaiser*
Zu seinen Mördern: »Und doch war ich einmal ihr Kaiser!«

Dittmer, S. 220. (Hier und im Folgenden: Hans Dittmer: Von Gestern und Heute. Vandenhoeck und Ruprecht, Göttingen, 1936)

Atli, *ein Isländer*
Wird von Thorbjörn Ochsenkraft erstochen, mit dem er einen Handel hat, und zwar so, daß er bei Regen die Tür öffnet und von Thorbjörn mit einem Spieße mitten durch den Leib getroffen wird. Er sagte: »Die breiten Spieße, sie werden Mode.« Dann fiel er vornüber auf die Türschwelle.

Die Geschichte von Grettir, dem Geächteten. In: Germanische Welt vor tausend Jahren. Eugen Diederichs, Jena 1936, S. 478

Autor	Letztes Wort	Quelle
	Allgemeines:	
	Tod wird vorausgesehen: bei	

	Selbstmord
	    Hinrichtung
	    Schwerer Operation	

Autor	Letztes Wort	Quelle
Allgemein :	Der bewußte Tod (durch Hinrichtung, Selbstmord) . Hier wird das letzte Wort auch bewußter, literarischer und damit weniger bedeutend sein.	
	Der unerwartete Tod (Unglücksfall, Schlaganfall.) Hier wird das letzte Wort zuweilen auch mantisch aufgefaßt werden können – wie etwa im "Wallenstein".	

Armand Carrel *1800 – 1836, Redakteur und Chef der Zeitung »National«*

Tödlich verwundet im Duell mit Émile de Girardin, Direktor von »La Presse«: »Frankreich, Freunde, Republik!«

Aveline

Hinrichtungen

Anaxarchos *360 – 320 v. Chr., griechischer Philosoph*
Der Demokriter Anaxarchos wird auf Befehl des Nikokreon von Kypros in einem Kübel mit eisernen Mörserkeulen gemartert, weil er bei einem Gastmahl Alexander des Großen auf die Frage, wie es ihm gefalle, erwidert hatte: »Prachtvoll alles, nur müßte noch ein Satrapenkopf aufgetischt werden.« Trotzdem ruft er – das später sprichwörtlich: »Zerschrote des Anaxarchos Gerstensack, Anaxarchos zerschrotest Du nicht!« Der Tyrann heißt ihm die Lästerzunge abschneiden. Anaxarchos beißt sie sich ab und spuckt sie ihm entgegen.

Sauer II, 37

Jan Hus *1369 – 1415, Theologe und Reformator*
Hus wurde vom Konzil zum Scheiterhaufen verurteilt. – Ehe das Feuer angezündet wurde, wurde Hus aufgefordert, durch Widerruf seiner Lehre sein Leben zu retten. – Hus lehnte das ab. – Nun wurde das Feuer angezündet. Hus sang mit klarer Stimme: »Christus, Du des Lebendigen Gottes Sohn, erbarme Dich meiner!« Als er weiter sang: »Du, der Du geboren bist von der Jungfrau Maria...« schlugen die

Flammen ihm ins Gesicht. Nach kurzer Qual war er ohne Klage verschieden.

Bloch II, S. 102

»O sancta simplicitas!« Ausruf, den Hus auf dem Scheiterhaufen getan haben soll, als er sah, wie eine Bauersfrau glaubenseifrig ihr Stück Holz zu den Flammen herbeitrug.

Meyers Konversationslexikon, 3. Auflage. Bd. 12, S.388

```
Hatney + 1511, indian. Häuptling
Wurde von Velasquez verurteilt, bei lebendi-
gem Leibe verbrannt zu werden. - Als er auf
dem Scheiterhaufen aufgefordert wurde, das
Christentum zu bekennen, damit seine Seele
in den Himmel komme, fragte er, ob auch wei-
ße Männer dahin kämen, und da das bejaht
wurde: „So will ich kein Christ werden; ich
will nicht an einen Ort kommen, wo ich so
grausame Menschen treffen würde."
```

Bloch II, S. 85

Stefan Mangin + *um 1523*
Einer der 14 Märtyrer von Meaux. Man schneidet ihm die Zunge ab. Trotzdem spricht er: »Gelobt sei der Name des Herrn!« Eine Höchstleistung in christlich französischer Beredsamkeit.

Sauer III/XXIV

Thomas Morus *1478 – 1535, englischer Staatsmann*
Festlich gekleidet besteigt er das Schafott: »Wie. Mr. Lieutenant, ich soll denjenigen für einen Lump halten, der mir heute die größte Wohltat erweist? Nein, Mr. Kingston. Und wäre es aus Goldbrokat, er müßte es haben. Ich denke an den heiligen Cyprian und den berühmten Bischof von Carthago, der dem Henker 30 Goldstücke gab, da dieser im Begriffe stand, ihm eine so große Wohltat zu erweisen. (Humor angesichts des Todes): »Ich bitte Euch, Herren, macht, daß ich heil hinauf komme; fürs Herunterkommen will ich dann schon selbst sorgen.« Schon faßt der Henker das Beil, da machte Morus ein Zeichen, einen Augenblick zu warten, strich den Bart zur Seite und sagte: »Der hat wenigstens keinen Hochverrat geübt.«

Sauer III/XXVII

Anne Boleyn *1507 – 1536, zweite Ehefrau von Heinrich VIII.*
Als sie aufs Schafott geführt wurde, wollte sie aus Rücksicht auf ihre Tochter Elisabeth die Zuschauer nicht gegen ihre Verfolger aufreizen; sie begnügte sich damit, zu sagen, daß sie gekommen sei um zu sterben, wie dies vom Gesetz bestimmt sei. Sie wollte niemanden anklagen und nichts über den Grund der Anklage sagen. Sie betete herzlich für des Königs Wohl und nannte ihn einen »sehr gnädigen und milden Fürsten, der ihr immer ein guter und gnädiger Herrscher gewesen sei«.

Bloch II, S. 19

Constantius zu Rouen + *1542*

Er wird auf einem unflätigen Mistwagen zu Tode gefahren: »Wir sind wahrhaft ein Stank und Kehricht für diese Welt und die Leut in ihr, die wir jetzo anstinken. Für Gott ist der Geruch unseres Todes lieblich.«

Sauer III/XXI

Thomas Cranmer *1489 – 1556, anglikanischer Reformator*

Cranmer, Erzbischof von Canterbury, wurde hochbetagt der Ketzerei angeklagt. In einem schwachen Momente ließ er sich verleiten, seine Worte zu widerrufen und die päpstliche Lehre als die richtige anzuerkennen. Als er verbrannt wurde, streckte er seine Hand, welche das Dokument unterzeichnet hatte, in die Flammen und rief: »Die unwürdige Hand.« Er gab kein Zeichen von Schmerz von sich.

Bloch II, S. 42

Gisbert und Friedrich Freiherren von Battenberg + *1568*

Sie wurden auf Befehl Albas auf dem Marktplatz zu Brüssel enthauptet. Der Ältere war traurig. Sein Bruder, dies merkend, sprach mit fröhlichem Mund: »Wie ist ihm denn, lieber Bruder? Ist dies nicht der Tag, nach dem wir uns so lange gesehnt haben? Nach dem uns in unserem beschwerlichen Gefängnis so lange verlangt hat?... Ist Euch aber von wegen brüderlicher Lieb beschwerlich, daß ihr meinen Tod anschauen sollt, so bin ich wohl zufrieden, daß Ihr vor mir aus dieser Welt abscheidet, wie Ihr auch vor mir darein gekommen seid. Wo aber nicht, so ist mir's gleich wert. Dann wandern wir beide zu Gott.« Darauf Herr Gisbert: »Meinet nicht, mein Bruder, daß mir, obschon ich von außen traurig bin, darumb alle Freude im Herzen genommen sei. Ich weiß, daß ich auf dieser Welt meinem Herrn je näher je länger komme, dieweil ich um seines heiligen Namens willen zu Tode gehe.«

Sauer III/XVIII

Maria Stuart *1542 – 1587, Königin von Schottland*
»Saget meinen Freunden, daß ich als gute Katholikin sterbe.«
Dittmer, S. 221

```
Sen no Rikyū 1522-1591, japanischer Tee-
meister am Hofe Taiko Toyotomi Hideyoshis
(Durch Taiko zur Selbsthinrichtung verur-
teilt). Die Zeremonie ist vorüber, mit Mühe
halten die Gäste ihre Tränen zurück, nehmen
einen letzten Abschied und verlassen den
Raum. Einer nur, dem Meister der nächste und
liebste, wird zum Bleiben aufgefordert, um
Zeuge vom Ende zu sein. Rikyū legt nun sein
Teegewand ab und faltet es sorgsam auf der
Matte; das makellos weiße Totenkleid wird
sichtbar, das bisher verborgen war. Zärtlich
blickt er auf die blinkende Klinge des
blitzenden Dolches und spricht zu ihm in
erlesenen Worten: „Willkommen Dir, / Ö
```

```
Schwert der Ewigkeit! / Durch Buddha / Und
durch Dhatma gleichermaßen / Hast du dir
deinen Weg gebahnt." Mit einem Lächeln im
Antlitz ging Rikyū hinüber ins Unbekannte.
```

»Das Buch vom Tee« von Kakuze Okakura. Insel Bücherei 274

Giordano Bruno *1550 – 1600, italienischer Philosoph, von Rom zum Tod auf dem Scheiterhaufen verurteilt*
»Ich sterbe als Märtyrer und aus freien Stücken. Meine Seele wird mit dem Rauch ins Paradies aufsteigen.«

Aveline

Sir Walter Raleigh *1552 – 1618, englischer Seefahrer und Schriftsteller*
Zum Tode verurteilt. Tritt prächtig gekleidet seinen letzten Gang an. Der Tag ist kalt, der Henker lädt ihn ein, sich am unterhalb des Schafotts entzündeten Feuers zu wärmen. R. lehnt ab. »Wir wollen uns beeilen. In einer Viertelstunde bekomme ich einen Schüttelfrost, und wenn ich dann noch nicht tot bin, werden meine Feinde denken, ich zittere vor Angst.« Betet, wirft Oberkleider ab, läßt sich die Axt zeigen. Küßt die Schneide, fährt mit dem Finger an ihr entlang und sagt: »Das ist eine scharfe Medizin. Aber sie kuriert jedes Leiden.« Probiert vor dem Schafott die bequemste Stellung aus. Man rät ihm, mit dem Gesicht nach Osten niederzuknien. »Es hat wenig zu bedeuten, wie der Kopf liegt«, antwortet er. »Hauptsache, daß das Herz richtig liegt.« Als der Henker trotz des ihm gegebenen

Zeichens zögert: »Was fürchtest Du? Mann, schlag zu!«

Zielesch, S. 46

Thomas Wentworth *geb. 1593, hingerichtet 12.5.1641*

Bei der Hinrichtung: »Ich lege mein Haupt auf diesen Block wie auf ein Ruhekissen nach der Arbeit. Mein Werk ist getan; Henker, tue das Deine!«

Wehl

Marquis James Graham Montrose *1612 – 1650, gehängt und geviertelt*

Als er unter dem Galgen stand, bat er um die Erlaubnis, mit bedecktem Haupt und im Mantel sterben zu dürfen. Nachdem man dies verweigerte, ihm auch verwehrte, zur Menge zu reden, sagte er in aller Seelenruhe zu den Gerichtspersonen und dem Henker: »Nun wohl, so tut mir alle Schmach und Unehre an, die Ihr nur erfinden könnt, denn ich bin bereit, um der Sache willen, für die ich sterbe, mit Freuden das Schlimmste zu erleiden.« Er half selbst, die Geschichte seiner Kriege und seine letzte Erklärung an das Land sich an Stricken um den Hals zu binden, wie es der Urteilsspruch bestimmte, indem er dabei lachend sagte: »Ich erachte mich hierdurch mehr geehrt, als wenn es Seiner Majestät gefallen hätte, mich zum Ritter des Hosenbandordens zu ernennen.« Als der Strang gezogen wurde, rief er laut: »Möge Gott sich dieses armen Landes erbarmen!« Das waren seine letzten Worte.

Wehl

Jean-Paul Marat *1743 – 1793, Revolutionär und Redakteur, erdolcht von Charlotte Corday*
»Zu mir, meine lieben Freunde!«

Aveline

```
Marie Antoinette 1755-1793, Königin von
Frankreich
Hastig erstieg sie das Blutgerüst, und da
sie dabei dem Scharfrichter auf die Füße
trat, sagte sie: „Entschuldigen Sie, Monsi-
eur, ich habe es nicht absichtlich getan."
```

Weber, »Demokritos«, XII, 262

Bürgerin Marboeuf *17 Pluviose*
Heute haben wir ehemalige vornehme Damen hingerichtet, die sich fast nicht weniger ruhig zeigten, als der Bürger Monjourdin. Die Bürgerin Marboeuf, welche mit Lebensmitteln Wucher getrieben haben sollte, ermahnte unterwegs ihren Mitschuldigen, den Pächter Payen, mutig zu sterben. »Im Ganzen, mein armer Freund«, sagte sie zu ihm, »ist es ganz gleich, ob man heute oder in zwanzig Jahren stirbt.« Dieser, bei weitem nicht so entschlossen wie sie, antwortete: »Wenn es ganz gleich ist, so würde es mir doch nach zwanzig Jahren lieber sein.«

Sanson, S. 486. (Hier und im Folgenden: Henry Sanson: Tagebücher der Henker von Paris. Gustav Kiepenheuer, Potsdam 1923, 2. Band)

Guillaume de Lamoignon de Malesherbes *1721 – 1794,*
Minister und Verteidiger Ludwig XVI.
Am Ausgang des Gefängnisses stieß er (auf dem Weg zur Hinrichtung) an einen Stein: »Oh, oh! Das ist ein ganz schlechtes Zeichen. Ein Römer an meiner Stelle wäre umgekehrt.«

Aveline

Georges Danton *1759 – 1794, französischer Revolutionär*
Dann kam Hérault de Séchelles herauf und Danton mit ihm, ohne den Aufruf abzuwarten und ohne daß ihn jemand hinderte. Die Gehilfen hatten Hérault schon ergriffen, als er hinzutrat, ihn zu umarmen. Hérault, der nach dem Fallbrett gestoßen wurde, konnte ihm das letzte Lebewohl nicht sagen, und Danton rief: »Ihr Dummköpfe, wollt Ihr verhindern, daß unsere Köpfe sich im Korbe küssen?« Er sah seinen Freund mit einer Kaltblütigkeit sterben, die dem menschlichen Geschlecht nicht eigen ist. Der Korb war noch nicht geleert und das Halsstück noch nicht gereinigt, als er vorschritt; ich hielt ihn zurück und nötigte ihn umzukehren, bis man den Leichnam fortgebracht hätte; er aber zuckte verächtlich die Achseln: »Was tut es, ob ein wenig mehr oder weniger Blut an Deiner Maschine klebt«, sprach er, »vergiß nur nicht, meinen Kopf dem Volke zu zeigen, solche Köpfe bekommt es nicht alle Tage zu sehen!« Als man seinem letzten Wunsche gemäß den Kopf Dantons um das Schafott herumzeigte, wurde gerufen: »Es lebe die

Republik!« Aber dieser Ruf blieb auf die nächste Umgebung der Guillotine beschränkt.

Sanson, S. 541

Camille Desmoulins *1760 – 1794, französischer Revolutionär*
Als Camille auf die Plattform stieg, fragte er mich, ob ich ihm noch einen letzten Dienst erweisen wolle; ich hatte nicht die Zeit, ihm zu antworten, aber er mochte mir am Gesichte ansehen, daß er auf mich rechnen konnte. Er ersuchte mich, ihm eine Haarlocke aus der Hand zu nehmen und sie der Mutter seiner Frau, Madame Duplessis, zu überbringen. Bei den letzten Worten weinte er, und ich war nahe daran, ein gleiches zu tun. In diesem Augenblick zog man das Messer in die Höhe; er sah das Eisen mit Blut befleckt und sagte halblaut: »Das ist meine Belohnung, meine Belohnung.« Dann blickte er zum Himmel empor und ließ sich nach dem Fallbrett führen, während er zu wiederholten Malen den Namen »Lucile« nannte. Ich gab das Zeichen und das Messer fiel.

Sanson, S. 541

André Chenier *1762 – 1794, französischer Lyriker*
Nicht auf dem Schafott, sondern als er vor Gericht trat, rief André Chenier, indem er sich vor die Stirn schlug aus: »Und doch besaß ich hier etwas.« (nach anderen Quellen: »Am Ende ist es doch schade um diesen Kopf; mich dünkt, es steckte etwas darin!«) Er hatte seine Rechnung mit dem Leben schon abgeschlossen, ehe der Urteilsspruch gefällt war.

Er kannte diejenigen zu gut, die er »vom Gesetz schwatzende Henkersknechte« genannt hatte, als daß er sie der Großherzigkeit hätte fähig halten und hoffen können, sie würden einem Dichter verzeihen, durch dessen Verse sie für ewige Zeiten an den Galgen geheftet wurden.

Sanson, S. 595

Madame Élisabeth (Élisabeth Philippine Marie Hélène de Bourbon) 1764 – 1794

Madame Élisabeth, die Schwester des Königs, blieb unbeweglich auf dem Schafott. Sie glich jenen Statuen des Glaubens, die man früher unter den Hallen der Kirchen sah und deren steinerne Gesichter keinen anderen Ausdruck zu haben schienen, als den der Liebe zu Gott. Als ihre Zeit gekommen war, stieg sie langsamen Schrittes die Stufen hinauf; sie bebte ein wenig, ihr Haupt war auf die Brust geneigt. In dem Augenblick, als sie sich dem Fallbrett näherte, riß ihr einer der Gehilfen das Halstuch von den Schultern. Da rief sie in edler Schamhaftigkeit: »O mein Herr, haben Sie Mitleid.« Fast in demselben Augenblick wurde sie auf das Brett geschnallt und ihr Kopf fiel.

Sanson, S. 566

Louis Antoine de Saint-Just 1767 – 1794, *französischer Schriftsteller und Revolutionär*

Saint Just ging in seiner Zelle auf und nieder, als die Scharfrichter eintraten. Er war ein wenig bleich, seine Augen hat-

Autor	Letztes Wort	Quelle
Allgemein :	Letzte Worte.Beschäftigung mit ihnen hat den Reiz,daß man durch die gesamte Geschichte hin- durchgehen kann,wie durch eine der Adern,in denen das Geflecht verschmilzt. Ebenso schmilzt der Unter- schied der Positionen ein,Bauer und König werden gleich.	Hiezu das schöne Wort von Léon Bloy,daß im Tode die Geschichte in die Substanz einschneidet.

Autor	Letztes Wort	Quelle
Allgemein :		
	Es gibt unbewußte Rekapitulationen, die einen Zustand endgültig und abschließend im letzten Wort beurteilen.	
	s.z.B. "Anonym 31	

ten aber nichts von ihrem sicheren und stolzen Ausdruck verloren. Er setzte sich nieder und ließ sich das Haar abschneiden, ohne ein Wort zu sprechen; als dies geschehen war, reichte er Charles Henry von selbst die Hände dar; als dieser ihm sagte: »Noch nicht«, murmelte Saint Just: »Desto schlimmer.« Dies war das einzige Wort, das er sprach.

Sanson, S. 625

```
Nicole Bouchard
Nicole war sehr jung, und wenn ich sie in
der Conciergerie sah, schienen ihre schwar-
zen Augen mich zu fragen: „Nicht wahr, Du
wirst mich nicht sterben lassen." Und doch
ist sie gestorben. Sie war die neunte,
welche hinaufstieg. Die Gehilfen stießen sie
fort, und ich hörte, wie sie mit leiser
Flötenstimme fragte: „Bürger, bin ich so
recht?" Da fiel das Messer.
```

Sanson, S. 579

Andreas Hofer *1767 – 1810, Tiroler Freiheitskämpfer*
Erschossen zu Mantua, am 21. Februar 1810, 43jährig. In Mantua, wohin man ihn verschleppt, wird er verurteilt und erschossen. Er stirbt aufrecht, kommandiert selbst die Salve des Hinrichtungspelotons, kritisiert das schlechte Schießen. Sein letzter Brief ist an seinen Freund Pühler gerichtet. Er schließt mit dem Satze: »Adee meine schneede Welt, so

leicht khombt mir das sterben for, das mir nit die Augen naß werden.«

Nach Le Conte, Last Words: »Feuer«. Friedrich Reck-Malleczewen: Der letzte Brief. August Lutzeyer, Frankfurt a.M. 1949, S. 68

Sergius Murajew-Apostol + 1825

»Nicht einmal das versteht man bei uns.« – Nachdem er als Teilnehmer am Dekabristenaufstand 1825 vom Tode durch Vierteilen zum Tode durch Erhängen begnadigt worden war und bei der Exekution verletzt herunterfiel.

Paul Wiegler: Verräter und Verschwörer. Ullstein, Berlin o.J. Ursprüngliche Quelle offenbar: v. Rosen: Memoiren etc., 1869, bzw. Tynjanow: W. Küchelbecker, 1929

Mata Hari (Marguerite MacLeod Zelle) *1876 – 1917, holländische Tänzerin*

Als Spionin erschossen, zum Kommandeur, der den Feuerbefehl gab: »Monsieur, ich danke Ihnen.«

Aveline

Lacenaier + *nach 1918, junger Mörder*

Noch viele Jahre nach dem ersten Weltkrieg fanden in Frankreich die Hinrichtungen öffentlich statt. Ein kleiner Kreis ausgewählter Personen wurde jeweils zur Teilnahme aufgefordert. Im übrigen waren es Neugierige, die immer wieder den Termin einer Exekution in Erfahrung zu bringen wußten und sich als Zuschauer einfanden. Es gehörte noch lange Zeit, bis weit in unser Jahrhundert hinein, zum guten Ton, über die letzten Gedanken derer, die für uns nur gemeine Mörder waren, zu reden. Anatole und wir, die wir ihm bei seinem schweren Amt halfen, hatten nie Verständnis dafür, daß die Damen der Salons in Auteuil oder de Passy sich die Aussprüche der Mörder als Novitäten zuflüsterten. So machte damals die letzte Bemerkung des jungen Lecenaier, der ein Mörder, Dieb und Dichter zugleich war, die Runde: »Auf einer elenden Straße treffe ich den Tod, aber immerhin: Ich steige zu ihm empor.«

Aus Reportage über Pariser Scharfrichter in einer Illustrierten, Anfang 1952

Korekiyo Takahashi *1854 – 1936*

War einer der bemerkenswertesten Männer des modernen Japan. Ermordet am 26. 2.1936. ... Eine dritte Gruppe ging zum Haus des alten Finanzministers Takahashi. Er schlief im oberen Stockwerk. Seine Magd, die Lärm von draußen hörte, weckte ihn. Um sie zu beruhigen sagte er: »Es ist wohl Schnee, der auf das Dach fällt.« Aber er wußte es besser. Die Aufrührer erschossen ihn, als er dort lag. In den Händen hielt er eine Ausgabe der »London Times«.

Inside Asia. 1942 War Edition, comp. revised by John Gunther. Harper & Brother, New York, London

> Dr. Richard Sorge 1895 – 1944, der größte
> Spion des 2. Weltkrieges
> Kurz vor seiner Hinrichtung am 7. November
> 1944 (= 27. Jahrestag der Roten Revolution)
> zu den japanischen Beamten: „Ich danke
> Ihnen für all Ihre Freundlichkeit." Hierauf
> am Galgen: „Für die kommunistische Partei,
> die Sowjet-Union und die Rote Armee!"

Der Spiegel (Hannover), 3.10.1951

Alfred Delp *1907 – 1945, deutscher Jesuit im Widerstand gegen den Nationalsozialismus, Kreisauer Kreis*
Am 2. Februar 1945 auf dem Weg zum Galgen in Plötzensee, zum Gefängnispfarrer Buchholz: »Herr Pfarrer, in wenigen Augenblicken weiß ich mehr als Sie.«

Nach Auskunft von Dr. Franz Reisert, allerdings nicht verbürgt

Claretta Petacci *1912 – 1945, Mussolinis Geliebte*
»Mussolini darf nicht sterben!«

Le Comte

Wilhelm Keitel *1882 – 1946, Generalfeldmarschall, Oberkommandierender der Wehrmacht, im Nürnberger Kriegsverbrecher-Prozeß zum Tode durch den Strang verurteilt und hingerichtet*
Als Zweiter betrat – ebenfalls gefesselt – Keitel die Richtstätte in seiner Generalsuniform. Ohne besondere Regung gab

er seine letzte Erklärung ab. »Ich rufe den allmächtigen Gott an und bitte ihn, Mitleid mit dem deutschen Volk zu haben. Mehr als zwei Millionen deutsche Soldaten sind bereits vor mir für ihr Vaterland gefallen. Ich gehe nun, um mit meinen Söhnen wieder zusammenzutreffen. Alles für Deutschland.«

Göring. (Hier und im Folgenden: Hermann Göring: Ich werde nichts verschweigen. Nach Aufzeichnungen des Journalisten Peter Martin Bleibtreu. Institut für Politik und Neue Geschichte Wien. Bollmann-Verlag, Nürnberg/Zirndorf, 1950)

Julius Streicher *1885 – 1946, NS-Politiker, Herausgeber des antisemitischen Hetzblattes »Der Stürmer«*

Julius Streicher betrat schnellen Schrittes und ziemlich aufgeregt den Richtsaal und antwortete auf die Frage nach seinem Namen: »Sie kennen meinen Namen ja, Sie kennen ihn.« Dann betrat er mit raschen Schritten das Schafott, betrachtete unmittelbar vor dem Strick stehend die amerikanischen Offiziere und den Henker und rief mit lauter Stimme: »Heil Hitler! Ich ehre die amerikanischen Soldaten, nicht aber die Juden Eures Landes!« Plötzlich aber sagte er mit sehr sanften Worten: »Nun aber will ich mich zu Gott wenden. Adieu, Adele, meine liebe Frau.« Er warf noch einmal den ihn umstehenden Soldaten haßerfüllte Blicke zu und schrie plötzlich: »Auch Euch werden die Bolschewiken eines schönen Tages aufhängen. Auf Wiedersehen!«

Göring

Alfred Jodl *1890 – 1946, Generaloberst der Wehrmacht*
Jodl, der wie Keitel seine Uniform als General trug, war derjenige, der am schnellsten in den Tod ging. Er betrat aufrecht den Saal und ging in soldatischer Haltung auf das Schafott. Ohne irgend jemand eines Blickes zu würdigen, stellte er sich in strammer Haltung vor dem Strick auf und sagte: »Ich grüße Dich, mein Deutschland!«

Göring

Arthur Seiß-Inquart *1892 – 1946, Österreichischer Jurist, NS-Politiker, im Nürnberger Kriegsverbrecher-Prozeß zum Tode verurteilt und hingerichtet*
Seyß-Inquart kam sehr langsam und bedächtig und durch seine Fußverletzung offensichtlich behindert in den Saal. Er verweilte einen Moment vor den Stufen des Schafotts und ging dann langsam und auf jeder Stufe einen Moment stehen bleibend auf die Richtstätte. Ruhig, aber etwas leise sprach er seine letzten Sätze: »Ich hoffe, daß diese Hinrichtungen den letzten Akt der Tragödie des 2. Weltkrieges darstellen. Möge der Frieden und die Verständigung unter den Völkern herrschen.«

Göring

Fritz Sauckel *1894 – 1946, NS-Politiker, im Nürnberger Kriegsverbrecher-Prozeß zum Tode verurteilt und hingerichtet*
Sauckel, der ebenfalls ruhig erschien, sprach seine letzten Worte klar und deutlich: »Ich sterbe unschuldig, mein Ur-

teil ist ungerecht. Gott beschütze Deutschland. Möge es leben und eines Tages wieder groß werden. Gott behüte meine Familie.

Göring

Ernst Kaltenbrunner *1903 – 1946, SS-Führer, Chef der Sicherheitspolizei und des SD*

Kaltenbrunner, der völlig sein während der Gerichtsverhandlung an den Tag gelegtes nervöses Verhalten verloren hatte, sprach vollkommen ruhig: »Ich liebe mein Volk und mein Vaterland mit aller Wärme, deren mein Herz fähig ist. Ich tat meine Aufgabe nach den Gesetzen meines Landes. Ich bedauere, daß Deutschland in Leute geteilt war, die niemals Soldaten waren und die es in Verbrechen getaucht haben, an welchen ich niemals Anteil hatte. Es lebe Deutschland.«

Göring

Anonym, *ein 19jähriger Raubmöder*

Noch eine Minute vorher hatte er, als er aus seiner Zelle geführt wurde, auf den Rest seiner Henkersmahlzeit geblickt, die er beim besten Willen nicht mehr hatte essen können, und gesagt: »Schade, daß ich das nicht mehr essen kann.« Jetzt blieb er aber auf einmal auf der Treppe stehen, sah mich an und fragte: »Herr Doktor, wenn ich jetzt nun gleich da oben ankomme, da wird doch nicht der Herr Petrus stehen mit einem Döschen Schuhwichse und mich von oben bis unten schwarz machen und dann sagen: Marsch, in die

Hölle?« Auf meine Antwort, ich sei zwar kein Geistlicher, aber man werde ihn dort oben zwar meiner Meinung nach rechts und links gewaltig hinter die Löffel schlagen, dann aber Gnade vor Recht ergehen lassen, sagte er mit eindeutigem Aufatmen: »Gott sei Dank! Dann ist ja alles gut!« – und ließ sich ruhig und ohne mit der Wimper zu zucken hinrichten.

Dr. med habil. Alfred Esser: Abwege des Menschen. Berichte eines Gerichtsarztes. Staufen-Verlag, Köln und Krefeld 1949

```
Graham Jack Gilbert 1932-1957, sprengte
ein Flugzeug, in dem seine Mutter und 43
andere Passagiere saßen, am 1.11.1955 mit
Dynamit
Wird zum Tode verurteilt und endet in der
Gaskammer. Als man ihn dorthin führt: „Wenn
noch Post für mich kommt, könnt ihr sie mir
in die Hölle nachschicken."
```

(ohne Quellenangabe)

III. Todesarten

Ärzte und Medizin

Friedrich Wilhelm I. von Preußen *1688 – 1740,*
der »Soldatenkönig«

Der Arzt seiner Riesengrenadiere war am Totenbett Friedrich Wilhelms. – »Fühl er meinen Puls, Pitsch, und sag er mir, wie lange es noch dauern wird!« – »Ach, nicht lange!« – »Sag er nicht ach! Doch woher weiß er das?« – »Der Puls ist weg.« – »Unmöglich, wie könnte ich meine Finger so bewegen, wenn der Puls weg wäre?« Seine letzten Worte waren: »Herr Jesu, in dir lebe ich, Herr Jesu, in dir sterbe ich, im Leben und Tod bist du mein Gewinn.«

Bloch II, S. 68

Albrecht von Haller 1708–1777

In bezeichnender Art kontrollierte der Naturforscher und Arzt Albrecht von Haller an sich selbst den Übertritt bis zum gänzlichen Auslöschen des Bewußtseins. Er zählte selbst noch die Pulsschläge und teilte das Resultat seiner Umgebung mit, aber als die Seele bereits im Entfliehen war, stieß er noch mit äußerster

> Willenskraft die Worte hervor: „Er schlägt nicht mehr."

(ohne Quellenangabe)

Honoré de Balzac 1799 – 1850, *französischer Schriftsteller*

Gewaltig und rührend zugleich wie sein Leben ist sein Tod. Zu Nacquart, einem Arzte, sagt er in letzter Stunde: »Ich vermochte der Welt, die ich geschaffen habe, unsterbliches Leben zu geben; am siebten Tage will ich ruhen.« Und als Nacquart ihm auf seine Frage bedeutet, er werde wahrscheinlich die Nacht nicht mehr überstehen, meint er, dem Wirklichkeit und Phantasie stets eins gewesen waren, und der mit den Figuren seiner »Menschlichen Komödie« als mit lebenden Menschen gesprochen hatte, sich seines Werkes erinnernd, darin auch der große Arzt nicht fehlte, der kluge und berühmte Dr. Bianchon: »Wenn Bianchon hier wäre, er würde mich retten.« Doch im Notizbuch desselben Balzac findet sich der Eintrag: »Der Tod ist unvermeidlich – denken wir nicht an ihn!«

Aus einer Basler Zeitung. ---- Nach Le Comte, Last Words: »Ich kann nicht länger lesen oder schreiben.«

Eugène Francois Vidocq 1775 – 1857, *Detektiv*

(Zum Priester): »Sie, Sie ... mein einziger Arzt.«

Le Comte

Joseph Henry Green *1791 – 1863, amerikanischer Philosoph*
Fühlte seinen eigenen Puls: »Stopped.«

Le Comte

Felix Kunde + *1865 in Rom, Mediziner aus Berlin*
Bekannt durch Arbeiten über die Galle, den grauen Star und andere. Suchte Kussmaul in Heidelberg auf und klagte über sein Schicksal: »Meine Tage sind gezählt. Ich sterbe ungern, denn ich hatte gewünscht, meinen physischen Tod durch reifere Arbeiten in unserer Wissenschaft zu überleben.« Stirbt dann am 26. Februar 1865 in Rom. Gregorovius berichtet am 27.2.65: »Gestern starb Dr. Kunde an der Schwindsucht. Wir begraben ihn heute. Als man ihn vor seinem Sterben fragte, ob er sich noch etwas wünsche, sagte er ruhig: ›Den Tod‹ und starb.«

Adolf Kussmaul: Jugenderinnerungen eines Arztes. Stuttgart, bei Bonz u. Co. 1909. 8.Aufl. p. 178. – Gregorovius: Römische Tagebücher. 1892, p. 296

Prinz Salm *1828 – 1870, Offizier im deutsch-französischen Krieg*
»Lieber Doktor, ich fühle, daß ich sterben muß; leben Sie wohl und grüßen Sie meine arme Frau. Verbinden Sie mich nicht. Es hilft zu nichts.«

K. Bleibtreu: Schlachtenbücher 1870, S.77. aus: L.W. von Dr. K. Sauer

```
Kaiser Franz Joseph I. von Österreich
1830-1916
Als nachts der Leibarzt auf sein Röcheln
hin im Schlafrock, statt im vorgeschriebe-
```

nen Frack, hereinstürzte aus dem Nebenzim-
mer, wo er geruht hatte, würgt der Kaiser
entrüstet hervor: „Frack!" - und stirbt.

Jean Galtier-Boissière: Mon Journal dans la Grande Pagaie. Paris 1950, Bd. IV, 54

Cecil Sharp *1859 - 1924, britischer Tonkünstler*
Erhielt eine Injektion mit den Worten, er würde keine Schmerzen mehr fühlen: »Niemals wieder.«

Le Comte

Franz Kafka *1883 - 1924*
Es begann der Kampf um das Morphium. Franz sagte zu Klopstock: »Sie haben es mir immer versprochen, seit vier Jahren. Sie quälen mich, haben mich immer gequält. Ich rede nichts mehr mit ihnen. So werde ich eben so sterben.« - Er bekam zwei Spritzen. Nach der zweiten sagte er: »Schwindeln Sie nicht, Sie geben mir ein Gegenmittel.« Dann der schon erwähnte Ausspruch: »Töten Sie mich, sonst sind Sie ein Mörder.« - Man gab ihm Pantopon, er war glücklich darüber: »So ist es gut, aber mehr, mehr, es hilft ja nicht.« Dann schlief er langsam ein. - Seine letzten Worte galten seiner Schwester Elly. Klopstock hielt seinen Kopf. Kafka, der immer die größte Angst hatte, er könne jemanden anstecken, sagte (wobei er statt des ärztlichen Freundes die Schwester sah): »Geh, Elly, nicht so nahe, nicht so nahe« - und als Klopstock sich ein wenig erhob, war or zufrieden.: »Ja so - so ist es gut.« Noch vor diesen letzten Szenen winkte er brüsk, daß die Wärterin

Autor	Letztes Wort	Quelle
	Allgemein : Die Hilfe,die man leisten kann.Sterben auch eine Art Geburtsakt. Demgegenüber das Fürchterliche der Betäubunsmittel. Schmerz auch eine Art Purgatorium.	

Autor	Letztes Wort	Quelle
Allgemein :	Von L.W. gibt es oft zwei Versionen, eine erhabene und eine gemeine. Siehe Pitt, Goethe pp. Das ist eines der Gesetze der Geschichte überhaupt, an der auch Thersites stets mitarbeiten will.	

weggehen solle. »So brüsk, wie er sonst nie war«, sagte mir Klopstock. Dann riß er mit aller Gewalt den Herzschlauch weg, warf ihn ins Zimmer: »Jetzt nicht mehr quälen, wozu verlängern.« – Als Klopstock sich vom Bett entfernte, um etwas an der Spritze zu reinigen, sagte Franz: »Gehen Sie nicht fort.« Der Freund erwiderte: »Ich gehe ja nicht fort.« Franz erwiderte mit tiefer Stimme: »Aber ich gehe fort.«

Max Brod: Franz Kafka. Eine Biographie. Erinnerungen, Dokumente. Schocken Books, New York 1946.

Dr. Klopstock selbst hat vor zwanzig Jahren noch eine andere Version erzählt. Die Kehle des Schweratmenden war geöffnet und ein Schlauch war eingesetzt worden, um ihm das Atmen zu erleichtern – in Wirklichkeit verschob sich dieser Schlauch immer wieder und quälte den Sterbenden mehr, als daß er ihm half. Als der Schlauch sich wieder einmal verschoben hatte und Klopstock ihn wieder einsetzen wollte, machte Kafka eine protestierende Bewegung, und Klopstock flüsterte ihm zu: »Es ist doch, damit Sie leichter atmen!« Aber Kafka riß ihm den Schlauch weg und warf ihn mit einer plötzlichen brüsken Bewegung in die Mitte des Zimmers. »Jetzt wird nicht mehr geatmet, jetzt wird gestorben!« sagte er. Und starb.

Die Welt (Hamburg), 24.11.1951

Speisen und Getränke

Leonidas + 480 v. Chr., König von Sparta, gefallen an den
Thermopylen mit dreihundert Griechen
Sagte zu ihnen, während sie einen kärglichen Imbiß verzehrten: »Zu Abend essen wir mit Pluto in der Unterwelt.«
Aveline

Fioretti Tiberio aus Neapel 1608 – 1694, genannt Saramuccia
Der italienische Moliere, der berühmte Komiker der Commedia Dell'Arte. An seinem Todestage ließ der 86jährige Minestra und eine große Schüssel Makkaroni mit Parmesankäse bringen. Der Arzt meinte, wenn er weniger äße, könne er noch acht Tage leben. »In diesem Fall«, gab der Sterbende zur Antwort, »könnt ihr mir die Makkaroni ruhig geben; ich bin fast 90 Jahre alt geworden, da kommt es auf acht Tage nicht mehr an.« (Chledowski, S.469; Biographie von Angelo Constantini-Mezzetin)
Sauer

Turlough O'Carolan 1670 – 1738, irischer Komponist und
Harfenspieler
Er rief nach einer Tasse seines geliebten Usquebaugh (dt. ein irischer Branntwein): »Es wäre schlimm, wenn zwei solche

Freunde voneinander scheiden sollten, ohne sich wenigstens zu küssen.«

Le Comte

Anonym
Ein spanischer Soldat aß im Augenblick des Schiffbruches ein Stückchen Brot und sagte: »Man muß ein wenig essen, bevor man soviel trinkt.«

Tallemant des Réaux: Historiettes. Techener, Paris 1862, 3. Aufl., VI, S. 305

Denis Diderot *1713 – 1784, französischer Schriftsteller, Enzyklopädist*
In ihren Armen (Sophie Voland) ereilte ihn auch unerwartet und schmerzlos der Tod. Er hatte mit ihr und einem Freunde heiter zu Abend gespeist und, weil er kürzlich einen leichten Schlaganfall erlitten, war das Gespräch zuletzt auf den Tod gekommen. Diderot meinte: derselbe sei auch im bedeutendsten Leben eine dumme, wüste Viertelstunde. Über diesen gottlosen Ausspruch zur Rede gestellt, stützte er sich auf einen Ellenbogen und sagte lächelnd (entgegen ärztlichem Rat) eine Aprikose verspeisend: »Vergeßt doch nicht, daß ich Philosoph bin und der erste Schritt zur Philosophie der Unglaube ist.« Bei diesen Worten traf ihn erneuter Schlag. Es war am 31.7.1784

Wehl

Immanuel Kant 1724 – 1804, *Philosoph*

Ein Freund, Wasianski, harrt während der letzten Tage bei ihm aus. Kurz vor dem Tode labt er den Sterbenden mehrere Male durch eine versüßte Mischung von Wasser und Wein. Er wiederholt das so oft, bis Kant zwar undeutlich, doch ihm verständlich sagt: »Es ist gut.« Also zufälliger Anlaß, wie bei Goethe, dem aber doch Tieferes beigelegt werden kann.

Zielesch, S. 74

William Pitt der Jüngere 1759–1806, britischer Premierminister

Von ihm wird erzählt, er habe auf dem Totenbette, auf das ihn die Sorge um England nach dem Fall Ulms (1805) und der Schlacht von Austerlitz gebracht hätten, ausgerufen: „O mein Vaterland, wie verlasse ich mein Vaterland." Ein alter Diener freilich, der den Auftrag, eine Kalbs- oder Wildschweinpastete zu bringen, hatte, wo Pitt krank lag, erzählt, die letzten Worte dieses großen Staatsmannes seien gewesen: „Ich denke, ich könnte doch eine von Bellamys Pasteten essen."

Hertslet, S. 307

Ludwig van Beethoven 1770 – 1827, *deutscher Komponist*

Dem Doktor Wawrach bleibt das Schwere, dem tauben Künstler schriftlich zu sagen: er solle sich mit den Sterbesakramenten versehen lassen. Unerhört ruhig ist die Antwort: der Pfarrer möge kommen. Der nächste Tag bringt eine Sendung Wein aus Mainz (vom Verleger Schott). Schindler stellt alle Flaschen auf den Tisch vor dem Bett. »Schade, schade, zu spät.« Beethovens letzte Worte. Zwei Tage dauerte der dunkle Kampf. Am 26. März, um 5 Uhr Nachmittags, steht ein Gewitter über Wien. »Ein von heftigem Donnerschlag begleiteter Blitz«, erzählt Anselm Hüttenbrenner, »erleuchtete grell das Sterbezimmer. Nach diesem Naturereignis öffnete Beethoven die Augen, erhob die rechte Hand und blickte mit geballter Faust mehrere Sekunden lang in die Höhe mit sehr ernster, drohender Miene... Als er die erhobene Hand wieder aufs Bett niedersinken ließ, schlossen sich die Augen zur Hälfte. Kein Atemzug mehr, kein Herzschlag mehr.«

Ilse Linden: Der letzte Brief. Oesterheld u. Co., Berlin 1919, S. 66

Johann Wolfgang von Goethe 1749 – 1832

22. März 1832. Gegen zehn Uhr frühstückt er kleingeschnittenes kaltes Geflügel. Dann trinkt er wieder verdünnten Wein, nachdem er seinen Diener Friedrich gefragt hat: »Du hast mir doch keinen Zucker in den Wein getan, der mir schadet?« Dann fällt ihm ein, daß am kommenden Samstag sein Arzt Dr. Vogel sein Gast sein soll. Bestellt Krebse für das Mittagsmahl, die dieser so gerne ißt. Später verwirren sich seine Gedanken, und auf ein am Boden liegendes Stück Papier deutend, verlangt er, daß man Schillers Briefwechsel von dort aufheben solle. Zu Friedrich sagt er: »Mach doch den zweiten Fensterla-

den in der Stube auf, damit mehr Licht hereinkommt.« Ottilie, die links vom Lehnstuhl auf dem leeren Bett sitzt, wird liebevoll aufgefordert: »Nun, Frauenzimmerchen, gib mir dein gutes Pfötchen.« Bald wird das Sprechen immer schwerer, und nun zeichnet und schreibt er mit erhobener Hand, anfangs in der Luft, dann mit abnehmenden Kräften immer tiefer, bis zuletzt auf die Decke herabgehend, die ihn umhüllt. Deutlich wird ein großes W erkannt. Der Rest ist undeutbar. Immer mühsamer gehen die Atemzüge, ohne jedoch zum Röcheln zu werden. Blickt seine Schwiegertochter Ottilie noch einmal mit unaussprechlicher Liebe an. Sie stützt ihm die Kissen und hält seine erkaltende Hand in der ihrigen, bis er ausgeatmet hat. Das ist um zwölf Uhr Mittags.

Zielesch, S. 82

Baron Georges Cuvier *1769 – 1832, französischer Naturforscher*
Nachdem er ein Glas Limonade zu sich genommen, zu seiner Schwiegertochter: »Es ist sehr erquicklich zu sehen, daß ich noch fähig bin, die Dinge, die ich liebe, hinunterzuschlucken.«

Le Comte

Dorothea Fürstin von Lieven *1785 – 1857*
Am Abend, ungefähr um 10 Uhr, machte sie mir ein Zeichen, näher heranzukommen. »Ich ersticke, meinen Fächer!« Ich gab ihn ihr, und sie versuchte, sich zu fächeln. Ein Senf-

pflaster wurde auf ihre Brust gelegt. Als sie dies merkte, machte sie ein Zeichen, daß sie schreiben wolle. Man gab ihr Papier und Bleistift, und sie schrieb sehr klar, in Englisch: »Wie lange muß es draufbleiben?« Wenige Augenblicke später sagte sie: »Geht fort, geht fort, ihr alle! Ich will schlafen.« Wir gingen hinaus, ihr Sohn, ihr Neffe und ich selbst. Ich bin überzeugt, sie wußte, daß sie jetzt sterben würde und wünschte, wir sollten ihren Tod nicht mit ansehen. Am Morgen des 27. Januar 1857 hatte Guizot an ihr eine bedenklich stimmende Veränderung bemerkt. Sie beschäftigte sich mit Nichtigkeiten, wie zum Beispiel der Speisefolge für das Dinner für ihre Nichte und ihren Neffen Benckendorff, die am Abend vorher aus Stuttgart angekommen waren. Gegen Mittag sagte sie zu Oliffe, ihrem Arzt: »Wenn ich diesmal nicht sterbe, wird es schade sein. Ich bin ganz bereit.« (Aus einem Brief von Guizot an den Herren de Barante.)

Montgomery Hyde: Fürstin Lieven. Steuben-Verlag, Berlin 1941, S. 339f

---

```
Friedrich Hebbel 1813-1863, deutscher
Schriftsteller
```
```
Vier Wochen vor dem Tode weiß Hebbel die
Verleihung des Schillerpreises für die
„Nibelungen". „Bald fehlt uns der Wein, bald
der Becher", - ruft er mit bitterem Lächeln
aus. Doch flammt zwischen schmerzvollen
Stunden noch Lebenslust aus ihm. Bis ihn am
Nachmittag des 12. (?) Dezember die tödliche
```

```
Schwäche überfällt. „Wann wird mir besser
werden?" fragt er den Arzt um 11 Uhr nachts.
„Morgen." Darauf mit tiefem Blick: „Also
Morgen."
```

Ilse Langen: Der letzte Brief. Oesterhold u.Co., Berlin 1919, S. 93

René Talboutier

Auch ein letztes Wort. Zwei Freunde besuchen den hundert Kilo schweren Gastronomen im Spital. Der frühere Traiteur des »Bossu« kann sich nur noch mit Zeichensprache verständigen. Er deutet hintereinander auf verschiedene Buchstaben. Er zeigt C, dann H, dann A. »Champagne?« fragen die Freunde. Er nickt. Im Augenblick, in dem der Pfropfen knallt, stirbt er.

Jean Galtier-Boissière: Mon Journal dans La Grande Pagaie, IV, S. 289

Moritz von Schwind *1804 – 1871, österreichischer Maler*
Moritz von Schwind starb schweigend. Als er sein Ende ahnte, ließ er sich ein Glas Sekt reichen, betrachtete gedankenvoll die prickelnden Perlen, trank es aus, lächelte und starb.

(ohne Quellenangabe)

Johannes Brahms *1833 – 1897, deutscher Komponist*
Dem sein Arzt Josef Brener, um ihn ein wenig zu beleben, ein Glas Wein reichte: »Oh, das ist ausgezeichnet!«

Aveline

Anton Tschechow *1860 – 1904, russischer Schriftsteller*

»Ich sterbe...« Dann ein Glas Champagner nehmend, das ihm angeboten wurde: »Ich habe lange Zeit keinen Champagner getrunken.«

Le Comte

Josef Hellmesberger *1855-1907, österreichischer Dirigent und Komponist*

Zu seiner Tochter, die ihm noch ein gebackenes Hirn anbot: »Wo nimmst du ein Hirn her?«

Aufgefangen von Radio Vorarlberg, April 1950, durch Frau Margret Schäffer aus Lindau

Josef Hofmiller *1872 – 1933, Oberstudienrat, Dr., Essayist, Kritiker*

»A Maß!«

Nach mündlichem Bericht. Wäre nachzuprüfen durch Anfrage bei Frau Hofmiller, Rosenheim b. München

Anonym, *80jährige Pfarrhaushälterin*

Als sie, die bisher stets ihren Liter Bier trank, nur noch ein Viertel trinken darf: »Wegeme Viertele mach i mei Maul net narret...«

Mündlich überliefert durch den Maler Geyer

Anonym

Eine junge Nachbarin starb vor einigen Jahren an einem bösartigen Geschwür. Zuletzt sprach sie mit ihrem Mann über dessen Geburtstag, der am darauf folgenden Tag sein würde. Sie nahm das Sektglas, das er ihr reichte, stieß mit ihm an und sagte: »Laß uns trinken auf Deinen Geburtstag und meinen Tod.« Dann war es zu Ende

Mimi Schwarz, Brief vom 26.2.1950

Humphrey Bogart 1899 – 1957,
amerikanischer Schauspieler
„Ich hätte niemals den Whisky durch
Martini ersetzen dürfen."

Paris-presse-l'intransigeant, 17.1.1957

Gärten und Blumen

Conrad Gesner *1516 – 1565, Schweizer Naturforscher*
Als er starb, sollen seine letzten Worte Schmetterlingsnamen gewesen sein.

Friedrich Schnack: Das Leben der Schmetterlinge. Leipzig 1942, S. 194

Hans Michael Elias von Obentraut *1574 – 1624*
Der Reitergeneral des 30jährigen Krieges spricht zu Tilly: »Laß laufen, Herr Bruder, laß laufen: auf solchem Felde pflückt man solche Rosen...«

Sauer, III/X

Karl Ludwig Kurfürst von der Pfalz *1617 – 1680*
Er hatte angeblich einige Tage vorher in Friedrichsburg drei Schlaganfälle erlitten. Am 28.8. wollte er nach Heidelberg zurückkehren. Es wurde ihm aber auf der Landstraße übel, und er ließ sich in einen Garten unter einen Baum tragen. »Wie gut es hier riecht«, murmelte er noch, als ihn ein neuer Schlag des Bewußtseins beraubte, und er gleich darauf starb.

Gertrude Aretz: Liselotte von der Pfalz. Stuttgart 1921

Antoine de Rivarol *1735 – 1801, französischer Schriftsteller*
»Meine Freunde, der große Schatten kommt näher; die Rosen verwandeln sich in Mohn, es ist Zeit, über die Ewigkeit nachzudenken.«

Aveline

John Keats *1795 – 1821, englischer Dichter*
John Keats, der große Poet, sagte leise: »Ich fühle, daß Margeriten über mir wachsen werden.«

(ohne Quellenangabe)

Jean Paul *(Johann Paul Richter) 1763 – 1825, deutscher Schriftsteller*
»Wir wollen's gehen lassen.« An seinen Freund Richard Otto Spazier, der seine Sätze nicht mehr verstand und ihn mehrfach danach fragte. (Resignation.) Vorher zu seiner Frau, die ihm Blumen gab: »Meine schönen Blumen.« Zerknickt sie dabei. (Seit mehreren Tagen konnte er nicht mehr sehen. »Immer heiliger wurden die Züge des Schlummernden, immer erhabener die Stirn –.«)

Eduard Berend: Jean Pauls Persönlichkeit. Georg Müller, München und Leipzig 1913

```
Friedrich Fröbel 1782-1852, Erfinder des
Kindergartensystems
```
Er hatte sich an ein offenes Fenster gelegt, obwohl der Arzt sagte, dies könne seinen Tod beschleunigen: „Freunde, ich habe die liebliche Natur mein ganzes Leben hindurch betrach-

Autor	Letztes Wort	Quelle
Allgemein :	Letzte Worte, die sich scheinbar auf Alltägliches beziehen, und denen wir dann eine andere Bedeutung geben wie bei Goethe, Kant, Beethoven.	
	Dieses Verfahren ist berechtigt, denn der Tod hat einen Umkreis von großer, sinngebender Kraft. In allem, was wir tun und sprechen, ist eine mantische Bedeutung verborgen, sie tritt nun deutlich hervor.	

Autor	Letztes Wort	Quelle
Allgemeines :	Wenn Tod den Menschen plötzlich überrascht, kann sein letztes Wort(das er vorher sprach) mantisch sein.	

tet. Erlaubt mir, meine letzten Stunden mit dieser bezaubernden Frau zu verbringen."

Le Comte

Giuseppe Garibaldi *1807 – 1882, italienischer Freiheitskämpfer*
Zwei Finken, die ihn kannten, spielten auf dem Fenstersims. »Füttre sie, wenn ich gegangen bin.«

Le Comte

Guido Gezelle *1830 – 1899*
»Wat hoorde ik toch geerne de vogelkens schuifelen – Wie gerne hörte ich doch die Vögelchen zwitschern!« soll das letzte Wort des flämischen Priester-Dichters Guido Gezelle gewesen sein. Aber auch, wenn es mit diesem letzten Wort geht, wie mit den meisten letzten Worten großer Männer, wenn es fromme Erfindung liebender Freunde ist, so enthüllt es doch in schöner und eindringlicher Weise die Reinheit und Vielfalt des Wesens dessen, dem es zugeschrieben wird. Daß nun Reinheit und Einfalt nicht Eigenschaften sind, die nur den Geringen im Geist zukommen, dafür ist das dichterische Werk der »flämischen Nachtigall«, wie Gezelle von seinen Landsleuten genannt wurde, überzeugender Beweis.

Kölner Rundschau, 30.4.1950, »Guido Gezelle« von Wilh. Mogge

Schöne Töne, Musik

Jakob Böhme *1575 – 1624*
Am Morgen seines letzten Erdentages rief der schlesische Mystiker seinen Sohn Tobias und fragte ihn, ob er die süßen Harmonien vernähme. Der Sohn verneinte. »Öffne die Türe, damit du sie besser hören kannst.« Dann fragte er, wie spät es sei. Man antwortete, daß es zwei Uhr geschlagen habe. »Meine Zeit ist noch nicht gekommen. Drei Stunden später werde ich sterben«, prophezeite er. In der sechsten Abendstunde nahm er Abschied von Frau und Sohn, segnete sie und sagte: »Nun fahre ich ins Paradies.« Mit einem wohligen Aufseufzen schied er aus der Welt.

Zielesch, S. 49

Rob Roy MacGregor *1671 – 1734, schottischer Volksheld, eine Art Robin Hood*
Hatte eine letzte Zusammenkunft mit einem Gegner erfolgreich durchgeführt: »Now all is over – let the piper play ›We return no more‹.«

Le Comte

Wolfgang Amadeus Mozart 1756 – 1791

In seinen letzten Augenblicken am 5. Dezember 1791 ahmte er noch Instrumente nach, die es (=Requiem) spielen sollten, und so starb er, darf man sagen, umrauscht und umtönt von seinem Schwanengesange, der wie aus himmlischen Sphären zu ihm niederklang. »O laßt mich noch mehr von diesen Noten hören«, rief er einmal, »die solange mein Trost und mein Entzücken waren!« »O, ich habe sie für mich gemacht«, fügte er hinzu. Gefragt, wie er sich fühle, antwortete er: »Der Geschmack des Todes ist auf meiner Zunge; ich fühle etwas, das nicht von dieser Welt ist.«

Wehl

Novalis (Friedrich von Hardenberg) 1772 – 1801, deutscher Dichter

Am 25. März 1801, seinem Todestage, fühlte er sich wie immer, matt und schwach, aber ohne Schmerz. Er ließ sich von seinem Bruder einige Bücher reichen und sprach mit einer gewissen Munterkeit von allerhand Plänen. Er hoffte auf den erwachenden Frühling. --- Nachdem er dann still und hingebend eine halbe Stunde etwa in dieser Weise zugebracht, lehnte er sich plötzlich zurück, indem er den Bruder ersuchte, ihm ein sinniges und erhebendes Musikstück auf dem Klaviere vorzuspielen. Der Bruder kam gern diesem Wunsche

```
nach und spielte mehrere Stücke, bis Fried-
rich Schlegel ins Zimmer trat und leise an
das Bett des Kranken ging, ihn zu begrüßen.
Er fand ihn mit geschlossenen Augen und
einem seligen Lächeln als erstarrte Leiche.
```

Wehl

Franz Anton Mesmer 1734 – 1815, *aus Iznang, Schweiz, Heilmagnetismus-Lehre*

Die harmonische Ausgeglichenheit seines Seins, die Mesmer befähigte, heilende Mikroschwingungen auszusenden, und die er auch mit seiner Glasharmonika auf dem Wege über die akustische Reizsetzung erzielte, möge auch uns leiten! Seine letzten Worte warten: »Spielt mir die Harmonika!«

Aus Zahnärztliche Mitteilungen (15. Nov. 1953) Nr. 22. »An der Wiege der biologischen Zahnheilkunde« von Dr. G. Zirvas

Ludwig van Beethoven 1770 – 1827

Anselm Hüttenbrenner, der Grazer Musiker und Freund Schuberts, war eigens nach Wien gekommen, um ihn noch einmal zu sehen. Schnee und Hagel prasseln gegen die Scheiben. Beethoven lächelt: »Hört Ihr die Glocken? Die Dekoration ist gewechselt.«

Zielesch, S. 108

»Ich werde im Himmel hören«, hauchte Beethoven, der so lange Jahre an Taubheit gelitten hatte.

(ohne Quellenangabe)

William Blake *1757 – 1827, englischer Dichter und Maler*
Zu seiner Frau, von den Liedern, die er sang: »Geliebte, es sind die meinen nicht, nein, nicht die meinen!«

Le Comte

Franz Schubert *1797 – 1828*
Er führte in seinen Fieberphantasien unablässig den Namen seines Herrn und Meisters Beethoven, wie den eines Heiligen auf den Lippen. »Bringt mich zu ihm, zu ihm!«, rief er unausgesetzt, »bei ihm werde ich Ruhe finden, in seiner Nähe werden meine Schmerzen verstummen!«

Wehl

Schubert stirbt bei seinem Bruder Ferdinand. Tastet dort an die Wand neben sich und spricht unter wehmütigem Hinweis auf die vier Wände seines Zimmers: »Hier ist mein Ende.« Glaubt sodann, bereits gestorben zu sein und beschwört den Bruder, ihn in sein Zimmer zurückzuschaffen. Der Bruder versichert ihm, daß er in seinem Zimmer sei. Darauf Schubert: »Nein, es ist nicht wahr, hier liegt Beethoven nicht.« Wahnvorstellungen wechseln dann mit Stunden des Überschwanges, in denen ihm – selig spricht er davon – völlig neue Rhythmen und Melodien zuströmen. Ferdinand faßte die im Fieberwahn hervorgestoßenen Bemerkungen als letzten Wunsch auf und sorgte dafür, daß Schubert auf dem Währinger Friedhof, auf dem Beethoven ruht, beigesetzt wurde. Dort ruht er, nur durch drei Gräber von dem Verehrten getrennt.

Zielesch, S. 105

Hector Berlioz *1803 – 1869, französischer Komponist*
Auf dem Totenbett sagte Berlioz zu einem seiner Freunde mit resignierendem Lächeln: »Endlich, mein Freund, endlich wird man meine Musik spielen!«

Bd. »Frankreich« (hrsg. Hermann List) der »Kleinen Geschichten von großen Völkern« des Verlages Ernst Klett

Franz Liszt *1811 – 1886, österreich-ungarischer Komponist*
»Tristan!«

Aveline

Gustav Mahler *1860 – 1911, österreichischer Komponist*
»Mozart!«

Le Comte

»Wer wird sich jetzt um Schönberg kümmern?«

Aveline

Eugene Ysaye *1858 – 1931, belgischer Geiger*
Nachdem ihm seine Vierte Sonate vorgespielt worden war: »Glänzend... der letzte Satz fast ein bißchen zu schnell.«

Le Comte

Florenz Ziegfeld *1869 – 1932, Variété Ziegfeld Follies am Broadway*

Ziegfeld starb 1932 in Kalifornien. In den Delirien des Sterbens wähnte er eine Revue zu leiten. Doch war seine Bühne ein weißes Spitalzimmer, sein Orchester nur ein Radio und anstelle des Chors und Balletts stand nur sein erschreckter Diener vor ihm. Ziegfelds Lippen waren trocken, die Augen glühten im Fieber, aber er saß aufgerichtet im Bett und rief einem unsichtbaren Ensemble zu: »Letztes Finale! Los!«, schrie er. »Musik! Lichter! Vorhang! Großer Vorhang!«

Dale Carnegie: Kurzbiographien. Rascher Verlag, Zürich

Bärnwick, *Organist*

»Wir müssen alle sterben, aber die Musik – Musik ---- Bach.«

Mündlich durch Maria Müller-Gögler, Weingarten, Meisterhofstr. (Nichte Bärnwicks)

Zeitfragen

Edward Herbert, Lord Herbert of Cherbury *1583 – 1648,*
Dichter und Philosoph
Nachdem er gefragt hatte, wieviel Uhr es sei: »In einer Stunde werde ich scheiden.«

Le Comte

Lord William Russell *1639 – 1683, englischer Politiker*
Lord Russell, der unter Carl II. hingerichtet wurde, gab auf dem Blutgerüste Burnet seine Uhr: »Nehmen Sie dies Andenken, das die Zeit anzeigt; ich gehe in die Ewigkeit und brauche es nicht mehr.«

Weber, Demokritos XII, S. 262

Christian Fürchtegott Gellert *1715 – 1769, Philosoph und*
Schriftsteller
Als er endlich die Nähe seiner Auflösung fühlte, fragte er, wie lange wohl sein Todeskampf noch dauern könne. Auf die Antwort des Arztes: »Wahrscheinlich noch eine Stunde!« erhob er mit freudestrahlendem Antlitz seine Hände zum Himmel und rief: »Gottlob, nur noch eine Stunde.« Still legte er hierauf sein Haupt zurück aufs Kissen und indem er die Augen schloß, be-

tete er still und leise vor sich hin, bis er sanft in der Stunde der Mitternacht des 13.12.1769 dem Tod in die Arme sank.

Wehl

> Emanuel Swedenborg 1688-1772, schwedischer Mystiker, Wissenschaftler, Theologe
> Um aber zu beweisen, wie genau er das Zukünftige wisse, wolle er auch Tag und Stunde seines nahen Todes voraus verkünden. Nachdem er sein Hausgesinde hatte herbeirufen lassen, erklärte er, daß er nächsten Sonntag, am 29. März 1772, nachmittags 5 Uhr, verscheiden werde. ... Als es fünf Uhr Nachmittags schlug, frug er: „Ist es die fünfte Stunde?" Und als man es bejahte, sagte er freudig: „Es ist gut – ich danke Euch und gebe Euch meinen Segen." Darauf legte er sich zurück und verschied.

Wehl

Johannes Ewald *1743 – 1781, dänischer Dichter*

Ewald klagte auf seinem Totenbett, daß er schwer Luft bekomme. Als der Arzt ihm sagte, daß der Tod nahe bevorstehe, fragte er, wie viele Stunden er noch zu leben habe. Der Arzt sagte, er hoffe, daß es nur noch einige Stunden dauern werde. – Darauf Ewald. »Gott sei Dank! Gott sei Dank.«

Bloch II, S. 57

Marquis de Mirabeau *1749 – 1791, französischer Schriftsteller, Aufklärer, Revolutionär, vermutlich vergiftet*
Gibt dem Arzt seine goldene Uhr. »Nehmen Sie, lieber Freund, die Uhr zeigt die Zeit an, ich aber gehe in die zeitlose Ewigkeit.«

Von M. Schwarz übersandter Zeitungsausschnitt

Ludwig I. von Bayern *1786 – 1868*
Am 27. Februar 1868 erkennt der Monarch, wie es um ihn steht. Zum Arzt sagt er: »Denken Sie ja nicht, daß ich den Tod fürchte. Ich habe ihm während meines langen Lebens oft genug ins Auge gesehen.« Am Abend wird der Verband abgenommen, die Beinwunde sieht erschreckend aus. Da sagt der König laut vor sich hin: »Sterbe ich heute nacht, so ist der König von seinen Leiden befreit.« Der Monarch wartet auf seinen Tod. Er schlummert ein, erwacht einige Zeit nach Mitternacht und fragt, wie viel Uhr es ist. Auf die Antwort sagt der Kranke stöhnend: »Ein Uhr und ich bin noch nicht tot.« Der treue Freiherr von Jeetze wacht bei seinem Herrn. Mit Trauer im Herzen sieht er das unerbittliche Ende mit an. Er kann die Tränen nicht unterdrücken. König Ludwig ist gerade aufgewacht, sieht den General weinen und sagt stockend: »Sagen Sie, Jeetze, sehe ich aus wie ein Sterbender, Sie dürfen es mir ruhig gestehen, ich mache mir nichts daraus. Ich bin nur froh, daß ich keine Schmerzen mehr habe und hier in Ruhe sterben kann. Danken Sie allen, allen in München, in meinem Namen.« Der Geistliche wird gerufen,

auch die beiden Söhne des Königs stehen am Bett. Um 8.35 Uhr des 29. Februar 1868 pocht das Herz des Königs zum letzten Mal.

<small>Conte Corti: Ludwig I. von Bayern. F. Bruckmann, München 1941, Seite 587/88</small>

Henry Morton Stanley *1841 – 1904, britischer Journalist, Afrikaforscher*
Als Big Ben vier Uhr schlug: »Vier Uhr? Wie seltsam. So spät ist es also. Seltsam.... Genug.«

<small>Le Comte</small>

Benedikt XV. *1854 – 1922*
In der Nacht vor seinem Abscheiden fragte der Kranke den wachhabenden Erzbischof von Bologna nach der Uhr. »11 Uhr!« – »Geht schlafen, denn von jetzt bis 6 Uhr ist noch viel Zeit.« Genau m 6 Uhr hauchte er seinen Geist aus.

<small>Sauer</small>

Nathan Söderblom *1866 – 1931, Schwedens Erzbischof*
Als der Kampf zu Ende ging, hörten die Umstehenden ihn mit schwacher Stimme sprechen: »Jetzt ist Ewigkeit.«

<small>Friedrich Baun: Er ist unser Leben, 4., von Martin Haug neu bearbeitete Auflage. Steinkopf, Stuttgart 1937, S. 601</small>

Stilfragen

Vespasian 9 – 79, *römischer Kaiser*
»Ein Kaiser muß im Stehen sterben.«

Sauer, I/22

Lorenzo di Medici 1448 – 1492, *italienischer Politiker, florentinischer Stadtherr*
Zu Savonarola, der an seinem Sterbebett seines Amtes waltet und ihn ermahnt, den Tod mit Fassung zu ertragen: »Ich sterbe mit Heiterkeit, wenn es Gottes Wille ist.«

Zielesch, S. 28

Francois de Malherbe 1555 – 1628, *Hofpoet Heinrichs IV., Kritiker, Ästhet*
Als ihm der Priester die Herrlichkeit des jenseitigen Lebens in abgedroschenen Wendungen schildert: »Schweigen Sie! Ihr abgeschmacktes Pathos verdirbt mir das Vergnügen daran.«

Zielesch, S. 48

Francois de Malherbe 1555 – 1628, *französischer Schriftsteller*
Yvrande, einer seiner Schüler, überredete ihn zu beichten und die Kommunion zu empfangen, indem er ihm vorhielt:

Autor	Letztes Wort	Quelle
	Allgemein : Hubert E. Gilbert " Karl XII. "Universitas=Verlag,Berlin,1943. S. 277 ff. Im Jahre 1717 unterhält sich der König mit Swedenborg.Dieser sagt " Pompa mortis magis terret quam mors ipsa.",worauf der König antwortet:"Gewiss wird zuviel davon geredet... Man sollte darauf halten,schweigend zu sterben Es klingt ja ganz schön,wenn der Nachwelt die letzten Worte berühmter Männer überliefert werden – doch ich liebe das nicht." Jedenfalls hat der König nach Erhalten der Kugel nicht mehr gesprochen; sie durchschlug die Schläfe.(Vor Frederikshald ,Dezember 1718.	

Autor	Letztes Wort	Quelle
Allgemeines :	" Sehr interessant ist,daß große Menschen schwer sterben,wohl einmal,weil sie den Wert des Lebens zu würdigen verstehen, und andererseits die Zerreißung des Zusammenhanges zwischen Leib und Seele als ein erschütterndes Ereignis zutiefst begreifen"	
	Aus einem Briefe des Umstehenden.	

»Ihr habt stets Eure Absicht erklärt, wie alle anderen zu leben und zu sterben.« – »Was soll das heißen?« fragte Malherbe zurück. »Das heißt«, erwiderte Yvrande, »wenn die anderen sterben, beichten sie und empfangen die Kommunion und die anderen Sakramente der Kirche.« Malherbe gestand, daß er recht hatte und schickte nach dem Vikar von Saint-Germain-l'Auxerrois, der ihm bis zu seinem Tode beistand. Es heißt, er sei eine Stunde vor seinem Tod wie aus einem tiefen Schlummer aufgefahren, um seiner Wirtin, die ihm als Krankenpflegerin diente, ein Wort zu verweisen, das seiner Ansicht nach kein gutes Französisch war, und als sein Beichtiger ihm derhalben Vorwürfe machen wollte, sagte er, er habe sich nicht enthalten können und bis an sein Lebensende die Reinheit der französischen Sprache erhalten wollen.

Tallemant des Réaux, Historiettes. Techener, Paris 1862. Bd. 1, S. 223

```
Paul Scarron 1610-1660, französischer
Dichter, erster Gemahl der späteren
Marquise von Maintenon
```
```
Noch im Tode wollte er nichts von Erbauung
und kirchlichem Trost hören. „Geh mir mit
Gebeten und Psalmen", sagte er lachend zu
seiner Frau: „Wenn ich wieder gesund bin,
werde ich eine treffliche Satire über das
Gerede von der Todesangst schreiben. Auf
mein Wort, ich hätte nie gedacht, daß es so
```

```
leicht sei, dem Tod ins Gesicht zu lachen."
--- „Scarron!" rief seine Gattin flehend,
„laß in diesem Augenblicke Deine Scherze und
Späße! Nicht zum Lachen, sondern zum Weinen
ist es Zeit." „Nun wohl", entgegnete S.,
seinen letzten Einfall verschluckend, „so
weine, aber so viel ist sicher, Ihr werdet
nicht halb so lange um mich weinen, als Ihr
über mich gelacht habt!" So starb er am
16.X.1660.
```

Wehl

Voltaire *1694 – 1778, französischer Philosoph*
»Laßt uns jetzt ernst werden.« Gut zum Abschluß der ironischen Existenz. Hierzu auch Casanova.

Von M. Schwarz übersandter Zeitungsausschnitt

Johann Georg Zimmermann *1728 – 1795, Schweizer Naturforscher und Philosoph*
»Laßt mich allein, ich sterbe.«

Le Comte

E.T.A. Hoffmann *1776 – 1822, deutscher Schriftsteller und Komponist*
»Jetzt ist es Zeit, ein wenig über Gott nachzudenken.«

Aveline

Anthony J. Drexel III., *aus der Bankier-Familie*

Bevor eine Pistole, die er einem Freund zeigte, von ungefähr losging: »Here is one you have never seen before.«

Le Comte

George Bernard Shaw 1856–1950, irischer Dramatiker

Zu seiner Pflegerin: „Schwester, Sie versuchen mich am Leben zu halten wie eine Antiquität, aber ich bin fertig, es ist aus, ich sterbe."

Le Comte

Ferdinand Hardekopf *1876 – 1954*

Der Bohemien, antimilitaristische Literat und Übersetzer. 1914-1918 in der Schweiz, ab 1922 in Frankreich. Ab 1946 in Zürich, dort im Spital gestorben. Höflich und geräuschlos, wie er gelebt hatte, starb H., einen verzweiflungs- und qualvollen Tod. Seine letzten Worte (an seinen treuen Freund Carl Seelig) waren: »Erlauben Sie, daß ich still bin.«

Ossip Kalenter in »TAT« vom 3.4.54

Mütter

Conradin *1252 – 1268, der letzte der Hohenstaufer, in Neapel hingerichtet*
»O meine Mutter! Wie tief wird deine Trauer über die Nachricht dieses Tages sein!«

Le Comte

Frau Rat *1731 – 1808, Goethes Mutter*
Kein eigentliches letztes Wort. Aber erwähnenswert in ihrer diesseitigen Klarheit und Bestimmtheit. Goethe erzählt in seinen späteren Jahren seinem Freund Zelter, daß die Mutter ihren Tod selbst angekündigt und ihr Leichenbegräbnis so pünktlich angeordnet hätte, daß sogar die Weinsorte und die Größe der Brezeln, mit denen die Begleiter erquickt werden sollten, genau bestimmt war. Sie soll auch dem Mädchen geboten haben, nicht zu wenig Rosinen in den Kuchen zu nehmen, denn das habe sie ihr Lebtag nicht leiden können und darüber würde sie sich noch im Grabe ärgern.

Zielesch, S. 77

Napoleon Franz Bonaparte (Napoelon II.) *1811 – 1832, Kronprinz, Sohn Napoleon Bonapartes und Luise von Österreichs*
»Ruft meine Mutter!...Tragt den Tisch hinaus. Ich brauche nichts mehr....Umschläge.«

Le Comte

Vincenzo Bellini *1801 – 1835, italienischer Komponist*
»O Mutter, meine Mutter, wo bist du?«

Bloch II, S. 14

Henrik Arnold Wergeland *1808 – 1845, norwegischer Dichter*
»Jetzt träumte ich so süß, ich läge in meiner Mutter Arm.«... Das waren seine letzten Worte; nach einigen Minuten sank sein Kopf zur Seite und er fiel in einen leisen, schmerzlosen Schlummer; es war der letzte.

Bloch I, S. 538

Enrico Caruso *1873 – 1921, italienischer Tenor*
»Doro, Doro.« Vorher: «Madonna mia, mamma mia!"

Paul Wigeler: Gespenster. Baden-Baden 1947, S. 168

Anatole France *1844 – 1924, französischer Schriftsteller*
Über seinen Tod schreibt Paul Doumerge (in Foie et vie, 1.2.1924): Die Kräfte des großen Ironikers ebben allmählich ab. Ohne große Schmerzen und Erschütterungen sieht er ruhig und würdig dem Tod entgegen. Sein Geist ist ungeschwächt, und er ist gewissermaßen ein interessierter Zuschauer bei seinem Tod. Er hat lichte Augenblicke zwischen

langen Ohnmachtsanfällen, aber jedes Mal beim Erwachen aus einem solchen nimmt er den Faden wieder auf, wo er ihn fallen ließ. »So ist es also zu sterben«, sagt er, und noch kann er lächeln, aber endlich erstirbt auch dieses Lächeln. Das seelische Gleichgewicht des Sterbenden, seine stoische Ruhe, sein Schweigen, das seinen Grund hat in Resignation und Hoffnungslosigkeit, dieser traumlose Todeskampf, dieses Begrüßen der Vernichtung, erfüllt seine Umgebung mit staunender Bewunderung, gleichzeitig aber auch mit Trauer. »Seht mich nicht an«, sagt er, »ich sehe schrecklich aus.« Der Tod rückt immer näher. Seine Frau sitzt an seinem Bett, er strengt sich an zu lächeln und flüstert: »Ich werde dich nie wiedersehen --- habe ja nichts zu hoffen --- kann mich auf kein Wiedersehen freuen – ich werde dich nie mehr sehen.« So liegt er noch eine Weile, dann kommt der letzte Todesruf: »Ich sterbe!« Und im Verein mit diesem ein klagendes »Mutter, Mutter!« (»Mutter« überhaupt häufig. Dagegen bei Christus und vielen anderen »Vater«. Das wohl ein bedeutender Unterschied.

Martensen-Larsen, S. 133

Schlaf

Gorgias *um 480 – 380 v. Chr., philosophischer Rhetor*
Noch im Augenblick seines Todes nicht von seinem schlagfertigen Witze verlassen, sagt von seinem Zustand: »Schon beginnt mich der Schlaf in die Arme seines Bruders zu legen.« (Aelian I/16; =Diels, Vorsokratiker II, 76 A 15)

Sauer II/23

Diogenes (Der Cyniker) *um 400 – 323 v. Chr., griechischer Philosoph*
Kurz bevor er sterben wollte, verfiel er in einen tiefen Schlaf. Sein Arzt weckte ihn und fragte ihn, ob ihm etwas fehle? Er sagte: »Gar nichts, der eine Bruder ist nur dem anderen vorausgekommen, der Schlaf dem Tode.« Hierzu sagt Plutarch noch folgendes: Homer nennt Schlaf und Tod Zwillingsbrüder (Ilias, 16, V. 673). An einem anderen Ort (Il. 11, V. 239) nennt er den Tod einen ehernen Schlummer. Sokrates sagt, daß der tiefste Schlaf auch der angenehmste sei. Plutarch führt auch die Meinung an, daß der Schlaf als die kleinen Mysterien des Todes anzusehen sei. Denn der Schlaf ist in der Tat eine Einweihung zum Tode. (Den großen eleusinischen Mysterien mußten allemal die kleinen vorhergehen,

und keiner konnte zu jenen gelangen, der nicht zuvor in die letzteren eingeweiht war.)

Plutarch: Trostschreiben an den Apollonius. In: Plutarchs moralische Abhandlungen. Übersetzt von Kaltwasser. Joh. Christian Hermann, Frankfurt a.M. 1783, Bd. 1, S. 351

Maria Theresia 1717 – 1780, österreichische Kaiserin
»Ich will nicht schlafen, ich will den Tod kommen sehen«, erklärte sie in der Nacht vor ihrem Hinscheiden, als man sie zu Bett bringen wollte.

Pfister: Maria Theresia. Mensch, Staat und Kultur der spätbarocken Welt. Bruckmann, München, S. 230

```
Madame de Staël 1776 - 1817, französische
Schriftstellerin
Auf die Frage, ob sie glaube, daß sie
schlafen könne: „Tief und gründlich."
```
Le Comte

Lord Georg Gordon Byron 1788 – 1824, britischer Dichter und Admiral
»Ich muß jetzt schlafen.« Siehe auch die Schilderung des langen und qualvollen Zustandes, der vorausging.

Zielesch, S. 112

Alfred de Musset 1810 – 1857, französischer Schriftsteller
Sein Bruder Paul: »Wir sprachen noch gemütlich zusammen, als ich etwa um 1 Uhr nachts sah, wie er sich plötzlich aufrichtete, die rechte Hand auf die Brust legte, und die Stelle suchte, wo das Herz schlägt, als ob er da eine ungewöhnliche Störung verspür-

te. Sein Gesicht nahm einen seltsamen Ausdruck von Befremdung und Spannung an; seine Augen öffneten sich übermäßig. Ich fragte ihn, ob er leide. Er gab mir ein verneinendes Zeichen. Auf eine zweite Frage antwortete er mir, indem er den Kopf auf das Kissen legte: »Schlafen«... Endlich werde ich schlafen! ...«

Wehl

Fritz Reuter *1810 – 1874, deutscher Schriftsteller*
»Frieden, Frieden, Frieden... lull mich in Schlaf, Luise.« (So lallte er wie ein schlummerbedürftiges Kind.)

Sauer III/III

Ernst von Bergmann *1836 – 1907, deutscher Chirurg*
Seine letzten Worte sprach er zu seiner Frau und seiner jüngeren Tochter, die gerade bei ihm war, um elf Uhr abends ein müdes »Nun laßt mich schlafen. Gute Nacht!«

Arend Buchholtz: Ernst von Bergmann. Vogel, Leipzig 1913, S. 624

Hermann Sudermann *1857 – 1928, Schriftsteller, Dramatiker*
Auf seinem Sterbelager ballten sich in ihm die Träume, die er – erwachend – zu erzählen sich bemühte und die zuweilen in dichterischen Worten zu kleinen Geschichten geformt schienen. Immer schwerer jedoch rangen sie sich ihm von den Lippen. Seine letzten vernehmbaren Worte waren: »Es muß ja unausdenkbar schön sein: dieser ewige, traumlose Schlaf!« Und zu ihm hat die stille Pflege der Tochter ihn am 21. November 1928 hinübergeleitet.

(ohne Quellenangabe)

Befinden

Sir Philip Sidney *1554 – 1586, englischer Staatsmann und Schriftsteller*
»Ich würde meine Freude nicht für die Herrschaft über die Welt eintauschen.«

Le Comte

Friedrich Wilhelm von Brandenburg *1620 – 1688, der Große Kurfürst*
»Herr Jesu, komm, ich bin bereit!« Der Kurfürst läßt sich in die Kissen zurücksinken; aber noch will das Herz nicht brechen. Der Leib wälzt sich hin und her. Dann richtet er sich auf. »Nun wird es bald getan sein, denn ich fühle, daß sich etwas löst.« Die Augen schließen sich langsam, das Haupt sinkt.

Ernst Lewalter: Der Große Kurfürst. Keil Verlag, Berlin 1935, S. 258

Ludwig XIV. *1638 – 1715, König von Frankreich*
Starb, als er nahezu achtzig Jahre alt war. Als er auf die weinenden Höflinge blickte, bemerkte er ironisch: »Warum weint ihr? Habt ihr geglaubt, ich werde ewig leben? Ich dachte, Sterben sei schwieriger.«

(ohne Quellenangabe)

Cotton Mather *1663 – 1728, amerikanischer Prediger*
»Ist das Sterben? Ist das alles? Ist das alles, wovor ich Angst hatte, als ich um Bewahrung vor einem schweren Tod betete? O! Das kann ich ertragen. Ich kann es ertragen, kann es ertragen.... Ich gehe dahin, wo alle Tränen von meinen Augen gewischt werden.

Le Comte

David Brainerd *1718 – 1747, amerikanischer Missionar*
»Sterben ist ein andres Ding, als die Leute sich eingebildet haben!«

Le Comte

Bernard le Bovier de Fontanelle *1657 – 1757, französischer Schriftsteller, immerwährender Sekretär der Akademie der Wissenschaften zu Paris*
Auf dem Totenbette von seinem Arzt nach seinem Befinden gefragt: »Ich empfinde eine gewisse Schwierigkeit zu existieren.«

Mündliche Mitteilung des Capt. Ferber, in Constanz, am 16.5.50, noch zu verifizieren

William Hunter *1718 – 1783*
William Hunter, ein Anatom des 18. Jahrhunderts, murmelte noch mit dem letzten Atemzug: »Wenn ich die Kraft hätte, eine Feder zu halten, würde ich aufschreiben, wie leicht und angenehm das Sterben ist.«

Das Beste aus Readers Digest, April 1950, S.50

Karl Eugen 1728 – 1793, *Herzog von Württemberg, noch heute im Volksmund bekannt als Schillers Landesvater und Peiniger*
»Sterben ist kein Kinderspiel.« Wohl nicht allerletztes Wort, aber es schien mir bemerkenswert aus diesem Munde.

mir leider nicht mehr erinnerlich

George Washington 1732 – 1799, *amerikanischer Präsident*
»Es geht gut.«

Dittmer, S. 221

Christian Jakob Kraus 1753 – 1807, *deutscher Staatswissenschaftler*
»Sterben ist anders als ich dachte.« (Nicht wörtlich, da aus dem Englischen zurückübersetzt.)

Le Comte

Johann Gottlieb Fichte 1762 – 1814, *deutscher Philosoph*
»Ich fühle mich wohl!« Nach Le Comte, Last Words: »Ich brauche keine Medizin mehr. Ich fühle, daß ich geheilt bin.«

Genossenschaftliches Volksblatt (Basel), Herbst 1948

Jeremy Bentham 1748 – 1832, *englischer Philosoph*
»Ich fühle jetzt, daß ich am Sterben bin, wir müssen uns bemühen, den Schmerz auf das kleinste Maß zu reduzieren. Laßt die Diener nicht ins Zimmer kommen, und haltet die jungen Leute ab; es wird sie quälen, und sie können keine Dienste leisten.«

Aveline

Autor	Letztes Wort	Quelle
Allgemein. Gespräche langsam herankommen. So etwa bei Tycho Brahe . (1546 - 1601) Keiner der Anwesenden merkte,daß er nicht mehr atmete.	Der Tod kann auch im wissenschaftlichen	

Autor	Letztes Wort	Quelle
Allgemein :	Letztes Wort oft Abschiedswort. (s.z.B. Charakter – die große Fahrt hat noch nicht begonnen. Demgegenüber stehen jene Worte, die bereits der Vorschau oder selbst dem ersten Schimmer eines neuen Gestandes gewidmet sind.	
Käthe Kollwitz.)	Das zeigt z.B. dem Abfahrts=	

Friedrich von Gentz *1764 – 1832, deutsch-österreichischer Schriftsteller und Politiker*
Er ist ohne Schmerzen und ohne Klagen sanft entschlummert. »Ist das der gefürchtete Tod?« fragte er zuletzt und fügte hinzu: »Er tut ja wohl!«

Wehl

Friedrich Schleiermacher *1768 – 1834, deutscher Theologe und Philosoph*
Hatte den Wunsch, recht bei voller Besinnung zu sterben, ohne Überraschung und ohne Täuschung den Tod recht sicher und bestimmt kommen zu sehen. Der Wunsch wurde ihm erfüllt. Sein Leben erlosch in einem linden Hingleiten in die Ewigkeit. Er sagte zu seiner Frau: »Ich bin in einem Zustande, der zwischen Bewußtsein und Bewußtlosigkeit schwankt. Aber in meinem Inneren erlebe ich die schönsten Augenblicke. Ich muß die tiefsten Gedanken denken – jenseits allen Wissens – und sie sind für mich eins mit den innigsten religiösen Empfindungen.«

Zielesch, S. 105

William Jay *1769 – 1853, englischer Theologe und Minister*
»O, keiner von euch weiß, was das ist: Sterben.«

Le Comte

Elizabeth Barrett Browning *1806 – 1861, englische Dichterin*
Auf die Frage, wie sie sich fühle: »Beautiful!«

Le Comte

```
Moritz von Schwind 1804-1871, österrei-
chischer Maler
Am 8.2.1871 so heftiger Asthma-Anfall, daß
er nach langem Ringen mit dem Übel sich von
seiner jüngsten Tochter Helene vom Bette auf
den Lehnstuhl führen ließ. Seine Tochter
fragte, wie es ihm gehe. Er antwortete:
„Ausgezeichnet!" neigte das Haupt auf die
Seite und verschied.
```

Friedrich Haack: Moritz von Schwind. Velhagen & Klasing, Leipzig 1898, S. 141

Charles Darwin *1809 – 1882, britischer Naturwissenschaftler, Begründer der Evolutionstheorie*
»Es schreckt mich nicht im geringsten zu sterben.«
Le Comte

Sir Isaac Pitman *1813 – 1897, Erfinder einer phonetischen Kurzschrift*
»Denen, die fragen, wie Isaac Pitman aus dem Leben schied, sag: friedlich, und mit keiner größeren Aufregung als mit der man von einem Zimmer in das andere geht, um sich einer anderen Beschäftigung anzunehmen.«
Le Comte

Henrik Ibsen *1828 – 1906, norwegischer Schriftsteller und Dramatiker*
Als in Ibsens Krankenzimmer ein Besucher fragte, wie es

heute ginge, und jemand (wohl die Krankenschwester) antwortete, es ginge heute dem Kranken besser, sagte Ibsen auf norwegisch etwas, was sich am besten übersetzen läßt mit: »Im Gegenteil.« Das waren seine letzten Worte.

Die Welt (Hamburg), 24.11.1951

Carl Schurz *1829 – 1906, deutschstämmiger US-Amerikanischer General und Politiker*
»Es ist so einfach zu sterben.«

Le Comte

Hugo von Hofmannsthal *1874 – 1929, österreichischer Schriftsteller*
»Mir ist ganz gut.«

Von Gerhard F. Hering mitgeteilt, der es bei H.v.H.-Studien in der Literatur fand (Quelle in seinem Brief nicht angegeben). Das Wort sei durch Frau v.H. beglaubigt.

Karl Valentin *1882 – 1948, bayerischer Komiker*
»Wenn ich gewußt hätte, daß Sterben so schön ist…«

Karl Valentins Lachkabinett, Piper Verlag, München 1950

Paul Lampl *1871 – 1955, Onkel von Ernst Jünger*
»Sterben ist nicht so leicht!«

Vergl. Brief von E. Jünger an F.G. Jünger vom 27.4.1955. (In diesem Brief heißt es: »Ich habe Dich beim Begräbnis des Onkels Paul vermißt. Er entschlummerte friedlich im Alter von vierundachtzig Jahren; sein letztes Wort war ›Sterben ist nicht so leicht.‹«) Als verwunderlichen Zug nahm ich auf, daß er im vorigen November zur evangelischen Kirche übergetreten ist; ein protestantischer Pfarrer verrichtete deshalb die Zeremonie.

Liegepositionen

Maria Theresia 1717 – 1780, österreichische Kaiserin

Als der regnerische 29. November anbrach, sagte sie mit heiterer Miene: »Schlechtes Wetter für eine so lange Reise.« Am Abend des 29. November um 9 Uhr stand sie mühsam auf und ging einige Schritte auf ihr Ruhebett zu, an dessen Rand sie niedersank. Man legte sie aufs Bett. Der Kaiser sagte: »Eure Majestät liegen schlecht«. »Ja«, antwortete sie, »aber gut genug um zu sterben.« Nach wenigen Atemzügen verschied sie.

Pfister: Maria Theresia. Mensch, Staat und Kultur der spätbarocken Welt. Bruckmann, München, S. 230

Benjamin Franklin 1706 – 1790, amerikanischer Erfinder und Staatsmann

Er erhob sich vom Bett und bat darum, daß es ihm frisch gemacht werden möge, so daß er ordentlich sterben könne. Seine Tochter sagte zu ihm, sie hoffe, daß er sich wieder erhole und noch viele weitere Jahre lebe. Er antwortete ruhig: »Ich hoffe nicht.« Als man ihm riet, seine Lage im Bett zu verändern, damit er leichter atmen könne, sagte er: »Ein Sterbender kann nichts leicht tun.«

Caren van Doren: Benjamin Franklin. Viking Press, New York

Immanuel Kant *1724 – 1804, deutscher Philosoph*
»Es ist gut.« Einige Male stieß er die Bettdecke von Eiderdaunen weg und entblößte sich den Leib. ... Den 12. um ¾ auf 4 Uhr morgens legte er sich gleichsam zum bevorstehenden großen Akte seines Todes zurecht und gab seinem Körper eine völlig regelmäßige Lage, in der er bis zum Tode unverrückt liegen blieb. Der Puls war weder an Händen und Füßen noch am Halse, sondern nur an den Hüften spürbar. ... Die Wirkung seiner Maßregel, dem Schweiße vorzubeugen, wirkte bis zum Tode fort. ... ein Atemzug blieb aus, die Oberlippe zuckte kaum bemerkbar, ein schwacher, leiser Atemzug folgte; – auf ihn keiner mehr, der Puls schlug noch einige Sekunden fort.

Immanuel Kant in seinen letzten Lebensjahren. Ein Beitrag zur Kenntnis seines Charakters und häuslichen Lebens aus dem täglichen Umgange mit ihm von L.A.Ch. Wasiansky (Diakon Kants und Testamentsexekutor) S. 425

Wilhelm von Humboldt *1767 – 1835, Gelehrter, Staatsmann, Mitbegründer der Berliner Humboldt-Universität*
Am 26. März 1835, dem Todestag Carolines, besuchte Humboldt zum letzten Mal das Grab seiner Frau. Dabei zog er sich ein heftiges Erkältungsfieber zu. Als seine Kinder wenige Tage später nach Tegel kamen, sprach er selbst gleich beim Wiedersehen aus, daß er von diesem Krankenlager nicht mehr aufstehen werde. ... Am 3. April empfing der Kranke noch die Besuche des Kronprinzen und des Prinzen Wilhelm und sprach mit ihnen in alter Unbefangenheit. Am Abend dieses Tages ließ er sich von seinem Bruder (Alexander von

Humboldt) aus Schillers Dichtungen vorlesen, darunter aus dem Wallenstein den Monolog »Thekla, eine Geisterstimme«, den er besonders liebte. Über die letzten fünf Tage wird uns in den Aufzeichnungen der Familienmitglieder berichtet: »In immer häufiger wiederkehrenden Fieberanfällen verlor er das Bewußtsein der Gegenwart, zitierte unaufhörlich Verse in allen Sprachen, vor allem griechische Hexameter. Wenn aber das Bewußtsein zurückkehrte, sprach er freundlich mit den Seinen und nahm Abschied von den einzelnen. Noch wenige Stunden vor seinem Tode sagte er zu Gabriele (=Tochter): ›In mir ist es ganz hell und besonnen, so daß ich nicht klagen kann.‹ Und: ›Legt mich höher‹ – dann – ›Höher hinauf in jedem Sinn.‹ Von den Töchtern, die ihn umgaben, ließ er sich noch einmal die Zeichnung seiner Frau geben, betrachtete sie lange und sagte: ›Adieu, nun hängt sie wieder fort.‹ Es waren seine letzten Worte.« Er selbst hatte gemeint, in keinem Augenblicke werde dem Menschen das Sterben leichter, als wenn die Sonne ins Unermeßliche hinabsinke und die Nacht einem so lieb und willkommen sei. Was er sich gewünscht, wurde ihm geschenkt. Zur Stunde des Sonnenuntergangs am 8. April 1835 ist W. v. H. verschieden. Am 12. April wurde er zur Seite Carolines unter der Statue der Hoffnung im Park von Tegel beigesetzt. (H. glaubte an Wiedervereinigung mit C. nach dem Tod.)

Friedrich Schaffstein: Wilhelm von Humboldt. Klostermann, Frankfurt 1952, S. 346/47

Charles Dickens *1812 – 1870, englischer Schriftsteller*
Seine Schwägerin bat ihn, in sein Zimmer zu gehen: »Komm, lege dich nieder.« – »Ja, auf die Erde«, erwiderte Dickens undeutlich, sank in diesem Augenblick um, verlor das Bewußtsein und starb am nächsten Tag.

Bloch I, S. 61

```
Lewis Carroll 1832 - 1898, englischer
Schriftsteller
```
„Entfernen Sie die Kissen. Ich brauche sie nicht mehr."

Aveline

Paul Nikolaus Cossmann *1869 – 1942, Prof., Herausgeber der »Süddeutschen Monatshefte«*
Er verlangte nach der Bettschüssel, die ihm von der Schwester untergelegt wurde. Nach einer Zeit winkte der Bettnachbar der Schwester, sie möchte die Bettschüssel herausnehmen. Die Schwester tat es, und ganz leise bat der Professor, sie möchte ihn recht hoch legen, und während dieser Bewegung verließ die Seele den Körper. – 19. Oktober 1942 im KZ Theresienstadt. Bericht des Mitgefangenen Alois Weiner.

Karl Alexander von Müller: Paul Nikolaus Cossmanns Ende. Hochland, April 1950, S. 377

Aus und vorbei

François Rabelais *1494 – 1553, französischer Schriftsteller der Renaissance*
Nach dem Empfang der letzten Ölung: »Laßt den Vorhang herunter; die Komödie ist zu Ende.«

Hertslet, S. 286

Moritz von Sachsen *1696 – 1750, Feldherr*
Mitten im Bauen von Luftschlössern aller Art raffte ihn am 30. November 1750 auf seinem Schloß Chambord der Tod hinweg. Lächelnd seufzte er im Verscheiden: »Ein schöner Traum geht zu Ende!« In diesem letzten Seufzer liegt der ganze Mensch.

Wehl

Marquis de Lafayette *1769 – 1807, französischer General und Politiker*
»Was erwartest du? Leben ist wie das Licht einer Lampe; wenn kein Öl mehr da ist – zest! Sie geht aus, und alles ist vorbei.«

Le Comte

Johann Gottfried Seume *1763 – 1810, deutscher Schriftsteller*
Der Tod überraschte ihn mitten in einem Wohnungsumzuge und allen Unannehmlichkeiten, die ein solcher mit sich bringt. --- Als man ihm endlich anzeigen kann, daß die Angelegenheit geordnet sei und er bleiben könne (in der alten Wohnung), erinnert er sich der Äußerung, die sein Freund, der Major Blankenburg im Sterben getan: »So gehe, mit Major Blankenburg zu sprechen, der Betteltanz denn hier zu Ende!« Dies waren seine letzten Worte am 13. Juni 1810.

Wehl

Jane Austen *1775 – 1817, englische Schriftstellerin*
Auf die Frage, was sie wolle: »Nichts als den Tod.«

Le Comte

Luigi Cherubini *1760 – 1842, italienischer Komponist*
»Ich will nicht sterben.« Er starb kurze Zeit darauf, 82 Jahre alt.

Bloch I, S. 198

Louis Agassiz *1807 – 1873, schweizerisch-amerikanischer Naturforscher*
»Das Spiel ist beendet!«

Le Comte

Modest Mussorgsky *1831 – 1881, russischer Komponist*
»Es ist das Ende. Ich Unglücklicher!«

Le Comte

Marie Bashkirtseff *1858 – 1884, russische Malerin*

Als sie sah, daß die Kerze auf ihrem Nachttisch beinahe bis zum Leuchter hinabgebrannt war: »Wir werden zusammen ausgehen.«

Le Comte

Ernest Renan *1823 – 1892, französischer Historiker und Religionswissenschaftler*

Seine letzten Worte waren »Nichts, nichts, nichts!« So berichtet Flammarion, und wir dürfen ihm wohl Glauben schenken. Kurz vor seinem Tode hatte Renan an seinen Freund Barthelot geschrieben, daß er bereit wäre, »in utrumque paratus« zu leben oder zu sterben, wie es Gottes Wille wäre. Auf dem Sterbebette solle er jedoch nach dem Bericht seines Schwiegersohnes Psichari, der selbst anwesend war, gesagt haben: »Nichts, nichts, nichts!« Skeptiker. Hierzu siehe auch France.

Martensen-Larsen, S. 133

H.G. Wells 1866 – 1946, englischer Schriftsteller

Pessimistisch ist das Schlußwort des 80jährigen: „The mind at the end of its tether", „Der Geist am Ende seines Stricks". Er spricht es 1946, kurz vor seinem Tod.

Paul Wiegler: Geschichte der fremdsprachigen Weltliteratur. Ernst Heimeran Verlag, München 1949

IV. Vorschau

Licht- und Sichtverhältnisse

Thomas Hobbes 1588 – 1679

Der englische Philosoph, der ein ausgesprochener Materialist war, sagte angesichts des Todes: »Ich bin daran, einen Sprung ins Finstere zu tun.«

Friedrich Baun: Er ist unser Leben. 4., von Martin Haug bearb. Aufl., Steinkopf, Stuttgart 1937, S. 606

Friedrich Schiller 1759 – 1805

Abends am 8. Mai verlangte er die scheidende Sonne zu sehen. --- Er sah sie untergehen, schweigend mit großen Augen. Als seine Gattin ihn fragte, wie er sich fühle, war seine Antwort: »Heiterer, immer heiterer!« Darauf folgten Fieber, Krampfanfälle und ein elektrischer Schlag.

Wehl

Alexander Adam 1741 – 1809, *Schullehrer von Walter Scott*

»Doch es wird dunkel, sehr dunkel; die Knaben müssen nach Hause gehen. (The boys may dismiss.)« Mit diesem bedeutungsvollen Wort verschied er.

Bloch II, S. 5

Francois-Joseph Talma *1763 – 1826, französischer Tragiker*
»Das Schlimmste ist, daß ich nicht sehen kann.«

Le Comte

Giacomo Leopardi *1798 – 1837, italienischer Schriftsteller*
Mitte Mai 1837 wurde L. von Herzwassersucht befallen. ----
Als der Arzt eintrat, sah er gleich, wie es um den kranken Dichter stand. Leopardi wurde bewußtlos, der Arzt versuchte, ihn durch stark riechende Essenzen ins Bewußtsein zurückzurufen. Da öffnete er noch einmal die Augen und sagte: »Ich sehe nur schwach, – öffne das Fenster dort, laß mich das Licht sehen.« Damit verschied er.

Bloch II, S. 127; Bloch I, S. 555

Joseph Mallord William Turner *1775 – 1851, englischer Landschaftsmaler*
»Die Sonne ist Gott.«

Le Comte

Solomon Foot *1802 – 1866, amerikanischer Politiker*
»Wie, kann das der Tod sein? Ist er schon gekommen? Ich seh' ihn, ich seh' ihn! Die Tore sind weit offen! Herrlich! Herrlich!«

Le Comte

William Allingham *1828 – 1889, irischer Dichter*
»Ich sehe Dinge, von denen ihr nichts wißt.«

Le Comte

Wilhelm Eduard Weber *1804 – 1891, Universitätsprofessor der Physik*

»Ich habe keine Lust mehr, auf dieser dunklen Erde zu arbeiten.« Sterbend, den letzten Blick auf die scheidende Sonne gerichtet, am Abend des 23. Juni 1891 im Garten seines Hauses zu Göttingen.

Heinrich Weber: Wilhelm Weber, eine Lebensskizze. Bln. 1893

Guy de Maupassant *1850 – 1893, französischer Schriftsteller*

Zu Neujahr 1892 trifft er das letzte Mal in Nizza mit seiner Mutter zusammen. Er fährt nach Cannes zurück und unternimmt nachts zwei Selbstmordversuche mit einem Revolver, dessen Lauf sein Diener Francois von Kugeln entleert hatte, und mit einem Papiermesser. Nach 5 Tagen ist er Nummer 15 bei Dr. Blanche in Passy bei Paris. Er hat Verfolgungsideen, will nicht zu Stuhl, da er Edelsteine verschluckt habe, schreibt nur noch ein einziges Wort »conrence« statt »conference« –, wirft einem anderen Patienten eine Billardkugel an den Kopf und stirbt im Juli 1893 mit den Worten: »Finsternis, ach, Finsternis.« Auf dem Friedhof Montparnasse hält Zola die Grabrede.

Paul Wiegler: Geschichte der fremdsprachigen Weltliteratur. Ernst Heimeran Verlag, München 1949

Bernhard von der Marwitz *1890 – 1918, Leutnant*

Im September 1918 wurde der 28jährige Ulanenleutnant an der Spitze seiner Kompagnie tödlich verwundet, kurz darauf starb er im Lazarett. »Das große Schwere kommt. Hebt mich. Laßt mich frei schweben im Licht!« Das waren seine letzten Worte.

Ludwig Alwens. In: Die Unvergessenen. Hrsg. E. Jünger. München 1928, S. 249

Rudolph Valentino *1895 – 1926, italienischer Schauspieler*
»Zieh nicht die Vorhänge zu! Ich fühle mich wohl. Ich möchte, daß mich das Sonnenlicht grüßt.«

Le Comte

Gilbert Keith Chesterton *1874 – 1936, englischer Schriftsteller*
»Der Ausgang ist nicht klar. Er ist zwischen Licht und Dunkelheit und jeder muß seine Seite wählen.«

Le Comte

```
Edmund Husserl 1859-1938, deutscher
Philosoph, Begründer der Phänomenologie
Zu seiner Krankenschwester: „Ich habe etwas
Wunderbares gesehen, schnell, schreiben
Sie!" Als sie mit einem Notizbuch kam, fand
sie ihn tot.
```

Von Henry Bauchau, der es mir in einem französisch geschriebenen Brief mitteilte – also wahrscheinlich nur dem Sinne nach genau

Thomas Mann *1875 – 1955, deutscher Schriftsteller*
»Wo sind meine Gläser?«

Frankfurter Allgemeine Zeitung für Deutschland. Frankfurt/Main, D-Ausgabe Nr. 187, 15. August 1955

Autor	Letztes Wort	Quelle
Allgemein :	W.L. Hertslet, der Autor des Buches "Der Treppenwitz der Weltgeschichte, sagt in seiner Einleitung zu diesem Buche : Wie in früheren Zeiten bei der Geburt bedeutender Menschen Lichterscheinungen und anderer dergleichen Unfug an der Mode waren,so hat man später dem s c h e i d e n d e n Helden sehr häufig ein letztes bedeutendes,seinem Leben gleichsam als Motto dienendes Wort in den Mund gelegt und für einen theatralisch packenden Abgang gesorgt.Gegen diese Ausrufe Sterbender,es sei denn,sie seien ganz besonders trivial und nichtssagend,muß man vor allem vorsichtig sein;fast keiner kann vor der Kritik bestehen."	(1o.Aufl.S.8.)

Autor	Letztes Wort	Quelle
Allgemein :		
	Fürsten sehen die künftigen Gefahren (Bismarck und Wilh. I. das Verh. zu Rußland oder die künftigen Siege. (Moses)	
	Hierzu auch das Prophetische. Joseph.	

Leib und Seele

Ulrich Zwingli *1484 – 1531, Schweizer Reformator*
Tat Kriegsdienst im Kampf gegen die katholischen Urkantone. In der Schlacht bei Kappel wurde er, als er verwundeten Soldaten Trost zusprach, selbst durch einen Stein verwundet und blieb liegen, das Gesicht zur Erde gekehrt. Wird dann von den Feinden gefunden und ermahnt, ob er einen Beichtiger haben wolle. Lehnt ab. »So stirb denn, abtrünniger Hund«, ruft ein feindlicher Hauptmann und sticht auf ihn ein. Aus vielen Wunden blutend, stirbt Zwingli mit den Worten: »Was ist es denn schon für ein Unglück? Den Leib können sie töten, aber die Seele nicht.«

Zielesch, S. 105

Heinrich VIII. *1491 – 1547, König von England*
Einer der ärgsten Bösewichter, die auf dem Thron saßen, ließ sich auf seinem Sterbebett noch ein Glas Wein reichen, trank es aus und sank sodann mit den Worten in sein Kissen zurück: »So ihr Herren, nun ist alles dahin – Reich, Leib und Seele!«

Sauer III/XII

René Descartes 1596 – 1650, *französischer Philosoph*
»Nun meine Seele, die Stunde ist gekommen, in der du das Gefängnis und die Fesseln des Körpers verläßt. Viel Glück!«

Aveline

Jules Mazarin 1602 – 1661, *französischer Kardinal*
Bis zum letzten Augenblick ließ er sich schminken, die Lippen färben und den Bart wichsen, so daß er noch als Sterbender ganz blühend aussah, obschon die Gewißheit seines Endes ihn erzittern machte. Seitdem ihm sein Arzt Guenaud dasselbe angezeigt hatte, wiederholte er wachend und schlafend unausgesetzt die Worte: »Guenaud hat gesagt, daß ich sterben müsse.« Als das Sterben endlich wirklich kam, stöhnte er zu wiederholten Malen: »O, arme Seele, was wird aus dir werden? Wohin fährst du?«

Wehl

Emanuel Swedenborg 1688 – 1772, *schwedischer Mystiker, Wissenschaftler, Theologe*
»Gewiß, solange ich diesen sündhaften Körper mit mir herumtrage.« (Auf die Frage, ob er sich für einen Sünder erkenne, bevor er »mit vieler Andacht, gefalteten Händen und entblößtem Haupte« das Sündenbekenntnis ablegte und das heilige Sakrament empfing.)

Arwed Ferelius: Brief an den Professor Tretgard in Greifswald über Swedenborgs Ende, 31.3.1780. in: Swedenborgs Leben und Lehre, Frankfurt b1880, Bd. I, S.89

Matthias Claudius 1740-1815, deutscher Dichter
Er lauschte gleichsam mit verhaltenem Atem auf die letzten Regungen seiner Psyche. Sorgsam und aufmerksam verfolgte er das Losreißen derselben vom Körper von Stufe zu Stufe und sagte den sein Sterbebett umstehenden Personen, wie weit er sei; um zwei Uhr mittags sprach er laut: „Nun ist's aus!", wandte seine Augen, die er schon mehrere Minuten groß offen, immer nach dem Himmel gerichtet hatte, noch einmal nach der Seite hin, wo seine Gattin Rebekka stand und flüsterte: „Gute Nacht, gute Nacht!", und verschied.

Wehl

Samuel Hopkins *1753 – 1819, amerikanischer Politiker*
(Auf die Frage: »Doktor, warum stöhnen Sie? Sie wissen doch: Sie haben uns gelehrt, daß wir immer bereitwillig sein müssen, sogar ewig verloren zu sein.«) – »Es ist nur mein Leib; in meiner Seele ist alles in Ordnung.«

Le Comte

Johann Wolfgang von Goethe *1749 – 1832*
Lili Braun (»Im Schatten der Titanen«, S. 103) gibt als L.W.: »Nun kommt die Wandlung zu höheren Wandlungen!« L.B. nennt als Zeugen: Ulrike von Pogwisch und Gräfin Vaudreuil.

Sauer, I/V

Edgar Allan Poe *1809 – 1849, amerikanischer Schriftsteller*
Eines Tages findet man den Dichter wieder betrunken und völlig verstört in einer Kneipe in Baltimore. Ein Arzt bringt ihn ins Washington Hospital. Drei Tage werden Leib und Seele zwischen Delirium und Bewußtlosigkeit hin und her geschleudert. In der vierten Nacht – man schreibt den 7. Oktober 1849 – treibt die steuerlose Phantasie in das düstere Reich des Arthur Gordon Pym. Stürme umheulen ihn, er steht auf tanzendem Kahn in rasendem Ozean. Endlich fällt er erschöpft auf die Kissen – der Orkan hat ausgetobt. Mit dem Seufzer: »Lord, help my poor soul – Herr, hilf meiner armen Seele!« versinkt er in die ewige Tiefe.

Weltwoche, Nr. 989, 24.10.1952

Christian Morgenstern *1871 – 1914, deutscher Dichter*
Christian Morgensterns letzte Worte, die ich unlängst in der »Times« las, atmen die ganze querköpfige, skurrile Mystik dieses merkwürdigen Dichters. Er hatte bekanntlich viele Jahre an Lungentuberkulose gelitten. Er flüsterte im Schlaf: »Das Husten ist vierdimensional; Heilung kann nur aus dem Geiste kommen.«

Die Welt, Hamburg, 24.11.1951

Gustav Wild + *1956, Kaplan*
»Jetzt ist Wandlung.« In der nahen Kirche, meinte er.

Frau Dr. Blersch

Neugeburt, Wiedersehen, frohe Erwartungen

Lucile Desmoulins *1770 – 1794, Frau des französischen Revolutionärs Camille Desmoulins*
Als sie mit einem Haufen anderer am Fuße des Schafotts stand, drängte sie sich allen anderen voran dem Henker entgegen. »Was treibt dich, Bürgerin?« fragte er unwirsch. »Die Sehnsucht«, antwortete Lucile. »Ich habe Eile, meinem Gatten zu folgen. Er ist voraus und erwartet mich.« – »Geduld!« brummte der Scharfrichter und schob sie zurück. Aber sie kam wieder mit so flehender Miene, daß er endlich nachgab und ihr winkte. »Wenn's Euch so pressiert«, murmelte er, »meinetwegen kommt!« Und sie kam so voll Hast und Eilfertigkeit, daß sie zur Guillotine mehr flog als ging. »Ich komme, Camille! Ich fühle, wie deine Seele die meine umrauscht. Noch einen Augenblick, und sie fließen ineinander für ewig!« So starb Lucile Desmoulins am 19.4.1794, vierzehn Tage später als ihr Gatte.

Wehl

Friedrich Gottlieb Klopstock *1724 – 1803, deutscher Dichter*
Außer dem Arzt waren nur seine Gattin und seine Stieftochter Meta zugegen. Er erzählte viel von Tod und Unsterblich-

keit, auch von geheimnisvollen Träumen, die ihn bereits ins Jenseits geführt hätten, wo ihm die Gestalten geliebter Entschlafener entgegengetreten wären. Seltsamerweise gedachte er seines Sohnes, der nicht zur Welt hatte kommen dürfen, und bei dessen Geburt seine Gattin Meta gestorben war. »Nun werde ich Vater zu dem Kinde«, sagte er.

Zielesch, S. 74

Caroline von Humboldt *1766 – 1829, Ehefrau von Wilhelm von Humboldt*
»Es ist ein Mensch fertig«, sagt Caroline von Humboldt, als ihr Tag zu Ende geht. In solchen Worten deutet sich das Bewußtwerden einer neuen Geburt vielleicht an. Hierzu siehe auch Walter Scott.

Ilse Linden: Der letzte Brief. Oesterheld u. Co., Berlin 1919, S. 71

Sir Walter Scott *1771 – 1832, schottischer Dichter*
»Es ist, als fühle ich mich wie neugeschaffen.«

Dittmer, S. 221

Douglas Jerrold *1803 – 1857, englischer Humorist und dramatischer Schriftsteller*
Sein Leben beschrieb sein Sohn William Blanchard Jerrold. Als ihn auf dem Sterbebett sein Arzt fragte, wie er sich fühle, antwortete er: »Wie einer, der erwartet und erwartet wird.« Mit den Worten »Es ist, wie es sein sollte«, entschlief er lächelnd.

Zielesch, S. 121

Henry James Sr. *1811 – 1882, amerikanischer Philosoph*
»Ich halte es mit dem allmächtigen Gott – Er allein ist, alles andere ist Tod. Nennt dies nicht Sterben; ich ergreife gerade Besitz vom Leben.«

Le Comte

Jacob Burckhardt 1818 – 1897, Kunsthistoriker

„Nur kein Erdenleben mehr!"

Genossenschaftliches Volksblatt (Basel), Herbst 1948

Anonym

Es war ein frommer Mann, einer von den Stillen im Lande, der mit seiner erwachsenen Tochter in seinem kleinen, ärmlichen Heim wohnte. Nach längerer Krankheit, die ihn ans Bett fesselte, verlangte er eines Tages von seiner Tochter reine Wäsche und Bettwäsche. Die Tochter sagte, daß er doch erst vor kurzem alles bekommen hätte, aber er bestand auf seinem Wunsch, – »denn«, sagte er, »heute werde ich Jesus und einigen von meinen Freunden begegnen.« Die Tochter tat nach seinem Willen. Auch ein reines Taschentuch verlangte er noch. Dieses faltete er auseinander und hielt es in der Hand. So lag er lange still und wartete. Aber als die letzten Strahlen der untergehenden Sonne ins Zimmer fielen, rief er plötzlich seiner Tochter zu: »Hörst du etwas?« Nein, sie hörte nichts. »Hörst du denn gar nichts?« wiederholte er erstaunt. Nein, sie konnte nichts hören. Aber er lag in stiller, freudiger Erwartung. »Siehst du nichts?« fragte er später.

Nein, sie schaute nichts. »Sieh... sieh... sieh doch«, rief er in steigender Erregung, während er sich im Bett halb aufrichtete, wie um besser zu sehen und gesehen zu werden. »Siehst du nicht? Siehst du nicht?« Und über sein Gesicht breitete sich eine unbeschreibliche Freude und Entzückung. Und dann winkte und winkte er mit seinem Taschentuch der Schar entgegen, die er auf sich zukommen sah. Er winkte, bis der Arm ermüdet herabsank und das irdische Auge sich im Tode schloß.

H. Martensen-Larsen, S. 155

```
Paula Modersohn-Becker 1876-1907, deut-
sche Malerin
Paula Modersohn-Becker starb 31jährig, und
nichts kann schöner als der Bericht über
ihren Tod (durch Embolie) die Erfüllung
dieses Lebens trotz all seiner Tragik wie-
dergeben: „Am achtzehnten Tage (nach der
Geburt ihres Kindes)... sie darf aufstehen.
Die Wärterin hilft ihr schnell in die Klei-
der, dann schreitet sie, auf Mann und Bru-
der gestützt, mühelos ins Wohnzimmer. Ein
Lehnstuhl ist in die Mitte geschoben, dort
thront sie selig. Alle Kerzen an den beiden
Kronleuchtern brennen, es ist beinah Weih-
nachten...‚Ach wie freu ich mich, wie freu
ich mich!' Plötzlich werden ihre Füße
```

schwer, ein paar röchelnde Atemzüge – sie sagt leise: ‚Wie schade!' Und stirbt..."

Südkurier

Emma Völser

Brief von Dr. Walter Schors vom 5.8.1950: »Eine meiner Tanten, Emma Völser, Gattin eines Ministerialrates, starb im Alter von 73 Jahren. Ihr Töchterchen erwachte dadurch, daß sie aus dem Bette stieg und aufgeregt erklärte, man müsse alles vorbereiten, sogleich müsse das Kind geboren werden. Man brachte sie wieder zur Ruhe – wenige Minuten später war sie tot.«

Brief von Dr. Walter Schors vom 5.8.1950

Himmel, Erde, Hölle

Philipp Melanchton *1497 – 1560, Theologe, Reformator*
Stirbt zu Wittenberg, umgeben von vielen Besuchern. Läßt sich aus der Schrift vorlesen. Peucer, sein gelehrter Schwiegersohn und Leibarzt des Kurfürsten August von Sachsen, fragt ihn, ob der Vater noch Wünsche habe. Er antwortet mit Nachdruck: »Aliud nihil – nisi coelum« (Weiter nichts als den Himmel). Als die Tochter Magdalena sein Lager richten will, bittet er sie, davon abzulassen: »um seine wonnevolle Ruhe nicht zu stören.« (Dies als Vorschau in das Sein. (handschriftlich:) Glückseligkeit?

Zielesch, S. 39

Karl I. *1600 – 1649, König von England*
(Vor der Hinrichtung): »Ich lasse eine Krone irdischer Unruhe, um eine der himmlischen Ruhe zu empfangen.«

Dittmer, S. 221

Jean-Jacques Rousseau *1712 – 1778, französischer Philosoph, Pädagoge, Komponist*
Seine Frau und Freundin Therese Levasseur erzählt, daß er sich unwohl fühlend von seinem Ende gesprochen, und als

er sie darüber weinen gehört, gesagt habe: »Warum weinst Du? Es ist ja mein Glück; ich sterbe in Frieden. Niemand wollte ich Leids tun und rechne auf die Gnade Gottes.« Dann ließ er sich das Fenster öffnen und freute sich am schönen Tage. »Wie rein und lieblich ist der Himmel«, sagte er, »keine Wolke trübt ihn. Ich hoffe, der Allmächtige nimmt mich da hinauf zu sich.«

Wehl

```
Friedrich Schiller 1759-1805
```
```
Ein Fieber überraschte ihn bei der Arbeit
am „Demetrius" und warf ihn darnieder bald
nach Weihnacht 1804. Man hoffte auf den
Frühling und daß „seine herrliche Natur
noch einmal siegen werde". Aber sie siegte
leider nicht. In den letzten Nächten rief er
träumend: „Ist das eure Hölle, ist das euer
Himmel?" als wenn er mit Feldherrnblick im
Jenseits Musterung hielte.
```

Wehl

Jean-Baptiste Camille Corot *1796 – 1875, französischer Maler*
»Mir selbst zum Trotz laß ich nicht von meiner Hoffnung ...Ich hoffe aus meinem ganzen Herzen, daß man auch im Himmel malen kann.«

Le Comte

Cyrus Hall McCormick *1809 – 1884, Erfinder der Nähmaschine*
»It's all right. It's all right. I only want heaven.«

Le Comte

Oscar A. H. Schmitz *1873 – 1931, deutscher Schriftsteller*
»Ich bin in tausend Himmeln.« Ein Wort, um das ihn ein Erzbischof beneidet hätte. (Ein Besprecher) Lux prima.

Fand ich auf einem meiner Zettel

Autor	Letztes Wort	Quelle
Allgemeines :		

Vieles deutet auch auf das Erscheinen geflügelter Wesen hin. Ein sechsjähriger Knabe sieht Blumen und Marienkäferchen, und ruft dann:

"und nun- nun bekomme ich selber Flügel!"

Dabei bewegt er die Schultern,als ob er Flügel fühle, dann steht sein Herz still.

Eine alte Frau sagt , aus der Bewußtlosigkeit erwachend,freudig erregt : "Nein,wie ist es doch herrlich hier,so hell und schön - was für ein süßre,kleiner Vogel, wie warm und weich er ist - ich möchte ihn in der Hand halten."

Beides nach Martensen=Larsen

Autor	Letztes Wort	Quelle
Allgemeines:		
	Abschnitt " Telepathische Anrufe" ?	

Götter, Menschen, Teufel und Engel

Vespasian *9 – 79, römischer Kaiser*
Stirbt nach längerem Krankenlager. Als der Arzt ihm andeutet, es geht zu Ende, da erwidert er: »Oho, ich glaube, ich werde ein Gott!«

Sauer, Kapitel Selbstironie

Mohammed *+ 8. Juni 632, 60 Jahre alt*
Danach kehrte er zurück in Aischas Wohnung und legte seinen Kopf in ihren Schoß. Zuletzt erhob er den Blick und sagte: »Der Freund, der Höchste vom Paradiese!« Bald darauf merkte Aischa an der Schwere seines Kopfes, daß er tot war. Siehe auch die vorhergehenden Worte in der Gebetsversammlung. Aischa war seine Lieblingsfrau.

Martensen-Larsen, S. 223

Lucilio Vanini *1585 – 1619, italienischer Philosoph und Theologe, wurde verbrannt als Atheist und Magier*
»Es gibt weder Gott noch Teufel: denn wenn es einen Gott gäbe, so würde ich zu ihm beten, einen Blitzstrahl auf das Conzil zu senden, weil alles das ungerecht ist; und wenn es einen Teufel gäbe, so würde ich zu ihm beten, dies alles von den unterirdi-

schen Regionen verschlingen zu lassen; aber da es weder Gott noch Teufel gibt, bleibt für mich nichts zu tun.«

Le Comte

Stöhr

Zum Andenken: Ein alter Sohn vom Heidenhof mit Namen Stöhr der sprach allhier mit seinem verschlafenen Mund: Es ist Gottes Will und Gottes Wehr.

Inschrift auf einem Holzkreuz in der Lüneburger Heide bei Soltau. Nach meinem Fahrtentagebuch vom 6.4.1920

Thomas Paine 1737 – 1809

Verfasser des »Zeitalter der Vernunft« und begeisterter Anhänger der französischen Revolution. Sein Arzt Dr. Manby berichtet, er habe zeitweise das ganze Haus dadurch in Aufruhr gebracht, daß er verzweifelt ausrief: »Gott helfe mir!« Darauf fühlt der Arzt sich veranlaßt, ihn zu fragen, warum er Christus nicht anriefe, ihm zu helfen. »Glauben Sie an seine Göttlichkeit?« Paine schweigt. Darauf der Arzt: »Erlauben Sie mir, Sie nochmals zu fragen. Glauben Sie – oder lassen Sie mich die Frage anders formulieren – möchten Sie glauben können, daß Christus Gottes Sohn ist?« Paine, nach einer Pause, gelassen: »Ich habe nicht den Wunsch, dies glauben zu können.«

Zielesch, S. 81

Christoph Martin Wieland 1733 – 1813, *deutscher Schriftsteller*

Er läßt sich, solange es geht, vorlesen und vorspielen, aber schließlich versagt in solcher Situation auch das ästhetische Spiel. »Wißt ihr keine Märchen, sprecht das dümmste Zeug, nur vertreibt mir die Zeit. Hat sie denn keine Großmutter gehabt, die ihr Märchen erzählte?« – Nein. – »Nun, so ist sie ein ganz armer Schelm.« Diesmal ist er den Märchen völlig preisgegeben, aber er begegnet ihnen gefaßt, mit tapferer Ironie. Die letzte klare Äußerung lautet: »Die Götter haben die Erlaubnis grob zu sein, weil sie Götter sind, aber ein vernünftiger Mensch muß vernünftig handeln.«

Friedrich Sengle: Wieland. Metzler, Stuttgart 1949

Niccolò Paganini 1782-1840, italienischer Geigenvirtuose und Komponist

Auf dem Sterbebette zu dem Gottesmann: „Was meine Geige enthielt, wollen Sie wissen, frommer Vater? Ei, nun, den Teufel enthielt sie, und wenn es Ihnen recht ist, sollen Sie sich gleich davon überzeugen." Paganini lacht, als der entsetzte Priester das Zimmer verläßt, lacht, muß husten und erstickt.

Wehl, S. 159.; Sauer 147/I

Heinrich Heine *1797 – 1856, deutscher Dichter*

Von Heinrich Heine erzählt man, er habe, als ein nicht sehr taktvoller Besucher ihn auf dem Sterbebett fragte, ob er glaube, daß Gott ihm das Maß seiner Sünden vergeben werde, lächelnd geantwortet: »Oh, er wird mir vergeben, das ist sein Metier.« Als aber der Tod ihn antrat, in dunklen, rauschenden Phantasien, rief er nach Bleistift und Papier; vielleicht daß er noch einen letzten Vers niederschreiben wollte.

Aus einer Basler Zeitung

Papst Leo XIII. *1810 – 1903*
Flüsterte auf dem Totenbette denen zu, die ihn pflegten: »Ich fühle mich schon in den Händen des lebendigen Gottes.« Beispiel für das Übertreten in das Totenreich, noch bei letztem Bewußtsein.

Martensen-Larsen, S. 88

Rumpel +1957, *alte Frau aus Wilflingen*
»Jetzt muß ich sterben. Ich höre schon die Engel singen.«

(ohne Quellenangabe)

Anrufungen, Gebete

Christus
»Vater, in deine Hände befehle ich meinen Geist.« (Ps. 31,6).
«Es ist vollbracht.« (Ps. 22,31)

Luc.23,46; Joh. 19,30

Paulus *gestorben ca. 65. n. Chr., Apostel*
»Jesus!«

Aveline

Augustinus *354 – 430, Philosoph, Kirchenheiliger*
»Laß mich sterben, mein Gott, daß ich lebe!«

Dittmer, S. 220

Andronikus *ca. 1122 – 1185, Kaiser von Byzanz*
»Mein Gott, warum läßt du es zu, daß noch so endlos auf einem schon geknickten Halme herumgetreten wird?«

Siehe E. Jünger: Gärten und Straßen, 1. Aufl., S. 41/42

Franziskus von Assisi *1181/82 – 1226*
»Sei willkommen, Bruder Tod!«

Dittmer, S. 220

Martin Luther *1483 – 1546, Theologe, Reformator*
Als die Vorzeichen der Auflösung über ihn kamen und seine Umgebung ihn damit trösten wollte, daß es wieder besser werden würde, sagte er: »Mir ist sehr wehe und angst; ich fahre dahin.« Dann betete er: »Mein himmlischer Vater, ewiger, barmherziger Gott, du hast mir deinen lieben Sohn unseren Herrn Jesus Christus geoffenbart; den habe ich gelehret, den habe ich bekannt, den liebe ich, den ehre ich als meinen lieben Heiland und Erlöser welchen die Gottlosen verfolgen, schänden und schelten; nimm meine Seele zu dir!« – »In deine Hände befehle ich meinen Geist«, fügte er lateinisch hinzu, faltete die Hände, holte tief Atem und verschied.

Wehl

Karl V. *1500 – 1558, Kaiser des Heiligen Römischen Reiches*
Der Kaiser griff hastig nach diesen Reliquien, als sie ihm von dem Erzbischof dargeboten wurden, und in jeder Hand eine derselben haltend, betrachtete er einige Momente schweigend die Gestalt des Erlösers und drückte sie dann an seine Brust. Diejenigen, die ihm nahe genug standen, hörten ihn bald danach, als gelte es einen Ruf zu beantworten, sagen: »Ja, Herr, jetzt komme ich.« Damit entglitt Kruzifix und Kerze seinen Händen, und bald danach war er tot.

Wehl

Johannes Calvin *1509 – 1564, Reformator*

»Du zermalmst mich, o Herr, aber es genügt mir, daß es Deine Hand ist.«

Le Comte

Georg Friedrich Händel *1685 – 1759, Komponist*

»Herr Jesu, nimm meinen Geist auf. Ach, laß mich mit Dir sterben und auferstehen!«

Friedrich Baun: Er ist unser Leben. 4., von Martin Haug bearb. Aufl., Steinkopf, Stuttgart 1937, S. 605

Ludwig VIII. *1691 – 1768, Landgraf von Hessen, der letzte große Nimrod von Darmstadt*

Sehr merkwürdig war das Ende dieses Herrn. Er wohnte einer theatralischen Vorstellung bei, die der Hof im Opernhause gab. In dem Moment, als ein eben zum Tode abgehender Schauspieler die Worte aussprach: »Gott sei meiner Seele gnädig!« sank er tot um. Er starb in hohen Jahren, wie sein Vater, siebenundsiebzig Jahre alt, 1768. (handschriftlich:) Gab gewissermaßen das Stichwort.

Karl Eduard Vehse, Badische und hessische Hofgeschichten. Bei Georg Müller, München 1922, S. 294

Königin Luise von Preußen *1776 – 1810*

»Herr Jesu, mach es kurz!«

Dittmer, S. 221

Jean Baptiste Lacordaire *1802 – 1861, Dominikanermönch*
»Mein Gott! Mein Gott! Mach mir auf, mach mir auf!«

Le Comte

Arthur Rimbaud *1854 – 1891, französischer Dichter*
Phantasierte von tropischen Landschaften, Engelgestalten aus Marmor, Säulen von Amethyst, und rief: »Allah Kerim! Allah Kerim!«

Der Bund (Bern), ca. 2.11.1948

Transit

Calverac

Ein alter gascognischer Reiter namens Calverac, der nicht wenig auf dem Gewissen hatte, empfand auf dem Sterbebett eine große Furcht vor dem Tod. Die Pfarrer von Bordeaux versprachen ihm das Paradies, aber er war nicht überzeugt. »Aber versprecht ihr es mir auch wirklich?« fragte er sie. »Ja. ja.« – »So schlagt ein.« Und sie mußten es ihm in die Hand versprechen – sie und die Mitglieder vom Konsistorium. Aber dann fing er von neuem an: »Ist es auch wirklich wahr?« – »Es ist wahr.« – »Topp, dann schlagt noch einmal ein.« Todesfurcht.

Tallemant des Réaux: Geschichten. Georg Müller, München 1913, II, S. 400

Thomas Hobbes *1588 – 1679, englischer Philosoph*
»Ich gehe jetzt auf meine letzte Reise – ein großer Schritt in die Dunkelheit.«

Aveline

Gottfried Arnold *1666 – 1714, pietistischer Mystiker, Schüler Böhmes, später Pastor in kleineren deutschen Städten*
Am Pfingstfeste, gerade während der Feier des heiligen

Abendmahls drangen preußische Werber mit Trommelschlag in die Kirche und schleppten mehrere zur Gemeinde gehörige Jünglinge mit Gewalt zur Kriegsfahne hinweg. Durch diesen schändlichen Unfug wurde der treue Seelsorger im Innersten erschüttert und erkrankte sofort aufs Schwerste. Zwar hielt er mit seltener Aufopferung noch am folgenden Tag eine Leichenpredigt, während welcher der Küster hinter ihm auf der Kanzel stand, um ihn, wenn er ohnmächtig umsänke, sogleich in die Arme zu fassen. Er vollendete jedoch dieses, sein letztes Zeugnis mit zitternder Stimme und blieb hernach drei Tage hindurch in einem Armstuhl, betend und mit heiligen Meditationen beschäftigt. Von dort aus legte er sich ruhig auf sein Sterbebett. Einige Stunden vor seinem Ende, da jedermann ihn vor Entkräftung schon für entschlafen hielt, richtete er sich auf einmal in seinem Bette ganz allein auf und rief mit lauter Stimme: »Frisch auf! Frisch auf! Die Wagen her, und fort!« – Darauf ward er ganz stille, und verschied sanft unter dem Gebet und Gesang einiger treuer Freunde.

Albert Knapp, der erste Herausgeber seiner gesammelten Gedichte. Stuttgart, 1845

```
Friedrich der Große 1712-1784, König von
Preußen
Um 11 Uhr nachts fragte er, wie spät es sei,
und als man ihm die Stunde sagte, murmelte
er: „Um vier will ich aufbrechen und rei-
sen." Einer seiner Hunde lag bei ihm auf
```

> einem Stuhl. Nach Mitternacht bemerkte er,
> daß das Tier fror. „Gebt ihm eine Decke",
> befahl er und bald darnach, sich streckend,
> sagte er: „Der Berg ist überstiegen, es geht
> besser."

Wehl

Abbé Ferdinando Galiani 1728 – 1787

Zwei Stunden vor seinem Abscheiden besuchte ihn der englische Premierminister General Aston, den er nicht leiden konnte. Galiani sagte zu seinem Diener: »Melde der Exzellenz, daß ich sie nicht empfangen kann, denn mein Wagen wartet. Und sage ihr auch noch, daß man ihr auch den ihrigen bald schicken wird.«

Die Briefe des Abbé Galiani. Herausgegeben von W. Weigand, 2. veränderte Auflage. Georg Müller, München und Leipzig 1914, I, XLVI

Simon Bolivar 1783 – 1830, *kolumbianischer Soldat und Staatsgründer*

»Laß uns gehen. Sie haben hier keine Verwendung für uns. José! Bring das Gepäck. Sie wollen uns hier nicht!«

Le Comte

Kaspar Hauser 1812 – 1833, *berühmtes Findelkind*

»Müde ... sehr müde ... eine lange Reise zu machen.«

Aveline

Margaret Fuller *1810 – 1850, amerikanische Schriftstellerin, Kritikerin, Frauenrechtlerin*
(Kam durch Schiffbruch ums Leben): »Ich sehe nichts als Tod vor mir – ich werde niemals die Küste erreichen.«

(ohne Quellenangabe)

Robert Hare *1781 – 1858, amerikanischer Chemiker*
»Es gibt einen langen, öden Weg in jedem Leben, genannt ›Leiden‹, den ich jetzt betreten zu haben scheine.«

Le Comte

George Gordon Meade *1815 – 1872, amerikanischer General*
»Ich bin im Begriffe, einen schönen, weiten Fluß zu überqueren und die gegenüberliegende Küste kommt näher und näher.«

Le Comte

Ramakrishna *1836 – 1886, hinduistischer Mystiker*
… dann sprach er dreimal mit klarer Stimme den Namen der Geliebten seines Lebens, der Göttlichen Mutter Kali … Nach seinem glaubensinnigen Wort ging er »von einem Zimmer ins andere hinüber«.

Romain Rolland: Das Leben des Ramakrishna, S. 234

Vincent van Gogh *1853 – 1890, niederländischer Maler*
»Zo hen kann gan« (so kann ich denn heimgehen).

Katte vermutet als Quelle Biographie von Meier-Graefe

Autor	Letztes Wort	Quelle
	Allgemein	
	Die Idee des geöffneten Tores.	

Autor	Letztes Wort	Quelle

Allgemein :

Arzt und Schwester, wo vom Tode möglichst wenig gesprochen werden soll, ist dem letzten Worte ungünstig.

Die moderne Krankenhaus=Atmosphäre mit

Pearl Richards Craigie (Pseudonym: John Oliver Hobbes)
1867 – 1906, amerikanische Schriftstellerin
Telegramm: »Herrliche Reise – überfüllter Zug – hier um neun Uhr angekommen – liebevollst, Pearl.«

Le Comte

Bertha Erdmenger *starb Weihnachten 1914 63jährig in Guben, Großmutter Friedrich Hielschers*
»Immer mit dem Kopf gegen die Wand! Vielleicht geht die Wand entzwei...«

mündlich

Jack London *1876 – 1916, amerikanischer Schriftsteller*
Schrieb: »Ich verlasse Californien am kommenden Mittwoch. Daddy.«

Le Comte

John Burroughs *1837 – 1921, amerikanischer Naturforscher, starb auf der Zugfahrt zwischen Kalifornien und New York*
»Wie weit sind wir von daheim?«

Le Comte

Eleonora Duse *1859 – 21.4.1924, italienische Schauspielerin*
Starb in Pittsburg, USA, während eine Tournee. Sagte schon im Beginn ihrer Erkrankung: »Ich fürchte den Tod nicht, aber laßt mich nicht fern von Italien sterben.« Zuletzt: »Schnell, macht schnell! Wir müssen reisen – handeln!« Auf dem Grabstein, auf ihre Bitte: »Begnadet, verzweifelnd,

vertrauend.« Hier auch die Unruhe, Reiselust, die viele im Annahen an den Tod erfüllt. Ihr Gesicht soll sich übrigens ungemein verschönt haben.

Olga Resnevic-Signorelli: Eleonora Duse. Deutscher Verlag, Berlin o. J.

```
Thomas Edison 1847-1931, amerikanischer
Erfinder
Ich habe mit der Witwe Thomas Edisons über
die Ansichten gesprochen, die ihr Mann von
dem Leben nach dem Tode hatte. Der berühmte
Erfinder war ganz von dem Glauben durchdrun-
gen, daß die Seele eine reale Wesenheit sei,
die den Körper bei seinem Tode verlasse. Als
Edison im Sterben lag, sah ihn sein Arzt
nach Worten ringen. Er beugte sich über den
Verscheidenden und hörte ihn deutlich sagen:
„Herrlich ist es dort drüben."
```

Readers Digest Dez. 57

Friedrich Brodersen
»Ich mache jetzt meinen letzten Angriff. Hinter der HKL (Hauptkampflinie) wartet Er!« Einer der härtesten Männer dieses Krieges. Ritterkreuz, bei Jelnja zum neunten Mal verwundet. Schwere russische Gefangenschaft. Läßt sich taufen. Der Pater hob die rostige Konservendose, aber mit solcher Würde, daß kein Zweifel blieb: der arme Scheksna-Tropfen war zum Wasser des ewigen Lebens geworden.

Stirbt dann an Entkräftung und Fieber, während sein Kamerad bei ihm wacht. »Lebe wohl, Alter!«, dann der oben erwähnte Spruch.

Franz Wurm: Der Durchbruch. Kirchenzeitung für das Erzbistum Köln. 1950, Nr. 7 (2. April)

Gerhart Hauptmann 1862 – 1946, deutscher Dramatiker und Schriftsteller

»Bin ich noch in meinem Hause?« Kommentar von Dr. Erhart Kästner: »G.H.'s Frage, gestellt in einem Auftauchen aus tagelanger Bewußtlosigkeit, vor dem Versinken in die letzte. Dies Dictum erhält sein Gewicht, wenn man bedenkt, daß es nach den Tagen von Dresdens Untergang, zu dem er ja wie in einem Zwang herzugereist war und den er, sogleich, das Ende seines Lebens nannte, sein dringendstes Anliegen war, auf seinen Boden, nach Agnetendorf, also »in sein Haus« zurückzugelangen, und daß er, den Flüchtlingsströmen entgegen, den andringenden Russen entgegen, dies auch vollzog. Es war dasselbe Drängen, das ihn 1933, als Viele von ihm die Emigration erwarteten, aus Rapallo der Heimat entgegentrieb. »Antäoszärtlich« ist ein Wort aus dem »Griechischen Frühling«, das hierher gehört. Man mag sich bei diesem Letzten Wort noch daran erinnern, daß G.H.'s Gestalt nun schon im allgemeinen Bewußtsein die ganze herrliche verlorene Provinz Schlesien vertritt. Unmittelbar ist dies Letzte Wort natürlich der Sorge entsprungen, er könne ohne sein Wissen vom eigenen Boden, auf dem er sterben wollte, weggebracht worden sein; es waren ja, Anfang Juni 1946, die Tage des Abzugs der Deutschen aus Schlesien, der Termin war da.«

Mündliche Auskunft der Witwe Hauptmann

Letzte Einsichten

Henry, Prince of Wales *1594 – 1612*
»Ich wollte etwas sagen, aber ich kann es nicht ausdrücken.«
Le Comte

John Pym *1584 – 1643, englischer Jurist und Parlamentarier*
Einer der ersten Führer der englischen Opposition. Tröstet seine trauernden Freunde: »Soeben habe ich dem Tod ins Angesicht gesehen, und nun – bin ich wissend geworden. Daher fürchte ich nichts. Im Gegenteil, mein Herz ist voll Freude. Doch ist es mir unmöglich, meine Gefühle zu schildern.«
Zielesch, S. 50

```
Pierre Gassendi 1592-1655, französischer
Philosoph
Als der Philosoph Gassendi verschied, stell-
te er noch nachstehende Betrachtung an:
„Ich bin geboren und weiß nicht warum - ich
habe gelebt und weiß nicht wie und ich gehe
fort und weiß nicht wohin und weshalb."
```

(ohne Quellenangabe)

Sir Isaac Newton *1643 – 1727, englischer Naturwissenschaftler und Philosoph*
»Ich weiß nicht, wie ich der Welt erscheinen werde, aber mir selbst scheine ich nur ein Knabe gewesen zu sein, der am Meeresstrand spielt, um sich zu vergnügen, und der dann einen glatteren Kieselstein oder eine schönere Muschel findet als gewöhnlich – während der große Ozean der Wahrheit unentdeckt vor mir liegt.« Und dann sagte er, während er sich im Bett umdrehte: »Wenn ich weiter gesehen habe als Descartes, dann deshalb, weil ich auf den Schultern von Giganten stand.«

Great Men of Science by Grove Wilson. The New Home Library, New York

Samuel Johnson *1709 – 1784, Dichter, Lexikograph, Original*
Als ihm auf dem Sterbebette noch ein Brief überreicht wurde, sagte er: »Mir kommt ein komischer Gedanke. Im Grab bekommen wir keine Post mehr.«

Zielesch, S. 68

Sophie-Charlotte *1744 – 1818, Königin von England*
(Ein Diener, der sie bewußtlos glaubte, bemerkte: »Dies ist ein Leben der Beschwerden und Mühen; aber jenseits davon gibt es ein anderes Leben, in dem keiner Mühe kennen wird.«): »Sehr wahr!«

Le Comte

Jeanne Louise Henriette Campan 1752 – 1822, *Verfasserin der Memoiren von Marie Antoinette*
»Wie mächtig man ist, wenn man nicht länger Zeit hat, höflich zu sein.«

Le Comte

Pierre-Simon Marquis de Laplace 1749 – 1827, *Astronom und Mathematiker*
Sprach im Delirium über Entdeckungen und zukünftige Experimente: »Was wir wissen, ist gering; was wir nicht wissen, ungeheuer viel.«

Aveline

Jean-Baptiste de Lamarck 1744 – 1829, *französischer Botaniker und Zoologe*
»Das, was wir wissen ist wenig bis nichts, aber das, was wir nicht wissen, ist unermeßlich.«

Werner Sombart: Vom Menschen. Buchholz und Weisswange, Berlin-Charlottenburg 1928, S. 292

Sir Walter Scott 1771 – 1832, *schottischer Dichter*
»Ich fühle, daß ich zu mir selbst zurückkehre!«

(ohne Quellenangabe)

```
Louis-François-Auguste de Rohan-Chabot
1788-1833, Erzbischof von Besancon
„Ich bin nichts, nichts, weniger als nichts."
```

Le Comte

Frederic Marryat *1792 – 1848, englischer Seefahrer und Schriftsteller*
(Verfasser von See-Geschichten, diktierte:) »Nach Jahren der Unsicherheit und, später, Monaten intensiven Nachdenkens bin ich jetzt überzeugt, daß das Christentum wahr ist und die einzige Religion ist, die auf dieser Erde praktiziert werden kann. ... Es ist jetzt einhalb zehn Uhr. Welt, adieu!«

Le Comte

Thomas Carlyle *1795 – 1881, schottischer Essayist und Historiker*
»So, das ist der Tod – gut ...«

Le Comte

Gerard Manley Hopkins *1844 – 1889*
Bekannter englischer Dichter (Jesuit) der viktorianischen Zeit. Starb mit 44 Jahren. Seine letzten Worte im Typhus-Fieber: »I am so happy, I am so happy, I am so happy.«

Time, May 25, 1953

Leo Tolstoi *1828 – 1910*
Tolstoi starb an Lungenentzündung im Wartesaal eines Bahnhofs. »Gott wird alles wohl machen«, sagte er, und zuletzt: »Suchen ... lasset uns suchen.«

Dale Carnegie: Kurzbiographien. Rascher Verlag, Zürich

Martin Kähler 1835-1912, hallenser Theologie-Professor

„Nun ist nichts mehr in mir, was wider Gott ist." Bedeutendes Wort!

Ulrich Bahrs, Pfarrer i. R.

Karl May *1842 – 1912, deutscher Schriftsteller*

»Sieg, großer Sieg, ich sehe alles rosenrot.«

Aus der Erinnerung zitiert. Las es in der im Rahmen seiner Werke herausgegebenen Biographie. Vergleiche: Karl May: Ich (in den Gesammelten Werken)

Letzte Fragen

Konfuzius *551 – 479 v. Chr., chinesischer Philosoph*
Als Konfuzius einem Schüler auf die Frage nach dem Tode die Antwort gab: »Ich kenne das Leben nicht – wie soll ich den Tod kennen?« da drückte er jene etwas bürgerliche, unmetaphysische und praktische Einstellung zum Problem des Lebens und Wissens aus, die für das Leben und Denken unseres Volkes charakteristisch ist.

Lin Yutang: Mein Land und mein Volk. Deutsche Verlagsanstalt, Stuttgart/Berlin 1936

Tschuang-Tse *ca. 365 – 290 v. Chr., chinesischer Philosoph*
Auf die Befürchtungen seiner Jünger, »daß der Geier den Leib unseres Meisters fressen sollte«: »Über dem Boden werde ich das Futter für Geier sein, darunter werde ich das Futter für Maulwürfe und Ameisen sein. Warum raubt der eine, um den anderen zu füttern?«

Le Comte

Sophie Charlotte *1668 – 1705, erste Königin von Preußen*
Zu einer ihrer Hofdamen nach dem Bericht Friedrichs des Großen (in dessen Denkwürdigkeiten zur Geschichte Brandenburgs): »Beklagen Sie mich nicht, denn ich gehe jetzt meine Neugier befriedigen über die Urgründe der Dinge, die mir Leibniz niemals hat erklären können, über den Raum, das Unendliche, das Sein und das Nichts; und dem Könige, meinem Gemahl, bereite ich das Schauspiel eines Leichenbegängnisses, welches ihm neue Gelegenheit gibt, seine Pracht darzutun.«

C.G. Guhrauer: Gottfried Wilhelm Freiherr von Leibniz. Eine Biographie. Breslau 1842. Bd. III, S. 258

Julie de Lespinasse *1732 – 1776, französische Salondame*
»Bin ich noch am Leben?«

Le Comte

William Cowper *1731 – 1800, englischer Dichter, der in geistiger Umnachtung starb*
»Was bedeutet das?«

Le Comte

Georg Büchner 1813–1837, deutscher Schriftsteller und Arzt
„Wir haben der Schmerzen nicht zuviel, wir haben ihrer zu wenig, denn durch den Schmerz gehen wir zu Gott ein. Wir sind Tod, Staub, Asche, wie dürften wir klagen?" Mit

„ruhiger, erhobener, feierlicher Stimme"
nach einem „heftigen Sturm von Phantasien",
zu dem erwähnten Wilhelm Schulz.

Tagebuch der Caroline Schulz, Gattin des Dr. Wilhelm Schulz in Zürich, vom 16.2.1837. in: Georg Büchners sämtliche poetische Werke, hrsg. u. eingeleitet von A. Zweig. München und Leipzig 1923, S. 334/5

Elisabeth Kaiserin von Österreich-Ungarn (»Sissi«)

1837 – 1898

Die Kaiserin war auf dem Gang zum Schiff in Genf von einem Anarchisten angefallen worden. – Nach Aussage ihrer Hofdame war ihr letztes Wort: »Was ist geschehen?«

Bloch II, S. 54

Wilhelm Raabe *1831 – 1910, deutscher Schriftsteller*

Als in der Nacht zum vierzehnten seine Tochter Elisabeth bei ihm wachte, sagte er plötzlich laut: »Ist er denn noch nicht tot?« und in dieser schier übermenschlichen Selbstbeobachtung wollte er nicht gestört sein und wehrte Nahrungsmittel und Handreichungen mit Bestimmtheit ab. – Gespenstischer Zug. Von welchem Ort aus wird die Bemerkung gemacht?

Heinrich Spiers: Raabe, Leben, Werk, Dichtung. Darmstadt 1924, S. 269

Clarence Walker Barron *1855 – 1928, Finanzmann*

»Welche Neuigkeiten?"

Le Comte

Autor	Letztes Wort	Quelle

Allgemein :

Beim Tode auch die Verwirrung, die mit jeder Seinsberührung verbunden ist.

Autor	Letztes Wort	Quelle
Allgemeines :		

Bekannte scheinen sich in der Todesstun de zu zeigen, vor allem die Mutter, der Mann, die Frau, der verstorbene Sohn.
"Nun komme ich, Olaf." (Ihr vor drei Monaten verstorbener Mann.) Eine alte Großmutter.
Eine Mutter nannte Namen von längst Verstorbenen.
" Bist du hier? Bist du auch hier? Zweifellos sah sie die Verstorbenen um sich.
Eine Frau: " Ach bist Du es, Großmutter ?" Sie hatte ihre Großmutter aber nie gesehen, erkannte sie nun im Sterben.
Kleine Kusine, zehn Jahr alt : "Nun komme ich, Väterchen." Streckt freudig die Arme aus, bricht dann zusammen.   Die Geister scheinen sich zu sammeln.

Alles nach Martensen=Larsen "An der Pforte des Todes."

James Joyce *1882 – 1941, irischer Schriftsteller*
»Does nobody understand?«

Le Comte

Gertrude Stein *1874 – 1946, amerikanische Schriftstellerin*
»Wie heißt die Frage? ... Wie heißt die Frage? ... Wo keine Frage ist, da ist auch keine Antwort.«

Le Comte

Jörg Magenau

Nachwort

Auch dies könnten letzte Worte sein: »Harry, fahr schon mal den Wagen vor.« Der Satz, mit dem Fernsehkommissar Derrick Vernehmungen bei Verdächtigen zu beenden pflegte, ist aber schon deshalb kein letzter, weil die Serie immer weitergehen musste und mit jeder Folge wieder von vorn beginnt. Doch das Leben ist keine Fernsehserie; das Ende ist unwiderruflich. »José, bring das Gepäck. Sie wollen uns hier nicht!«, hat Simón Bolívar angeblich kurz vor seinem Tod gesagt. Der neapolitanische Abbé Ferdinando Galiani soll auf dem Sterbebett seinen Diener gebeten haben, den Besuch des englischen Premiers General Aston mit folgender Begründung abzuwehren: »Melde der Exzellenz, daß ich sie nicht empfangen kann, denn mein Wagen wartet. Und sage ihr noch, daß man ihr auch den ihrigen bald schicken wird.«

Das Sterben wird häufig als eine Art Abreise empfunden. Man steigt in den Fonds, die Türen werden geschlossen, die lange, schwarze Limousine mit dunkel getönten Scheiben verschwindet lautlos hinter der nächsten Straßenbiegung. Manche Sterbende vermitteln aber auch den Eindruck, sie würden lediglich in ein benachbartes Zimmer hinübergehen. Andere sehen einen Fluss vor sich, den sie überqueren müssen, oder glauben, eine lange Seereise vor sich zu haben. Ein »frommer Mann« lässt sich gar ein Taschentuch reichen, um damit zu winken. Schwer zu sagen, ob er den am Ufer Zurückbleibenden ein Adieu übermitteln oder schon diejenigen begrüßen möchte, die ihm von der anderen Seite entgegenkommen. Wie viele andere Sterbende auch erlebt er sich als einen Transitreisenden, der schon aufgebrochen ist, aber noch nicht weiß, wo er ankommen wird. Tolstoi starb, als wolle er diesem Gedanken Nachdruck verleihen, im Haus eines Bahnwärters auf dem Bahnhofsgelände von Astapowo. Er unternahm die letzte Reise mit dem Zug.

»Harry, fahr schon mal den Wagen vor«: Unter Experten der Fernsehserie ist umstritten, ob Derrick diesen Satz überhaupt jemals gesagt hat. Wahrscheinlicher ist die Vermutung, dass es sich um eine Erfindung handelt, um die raffinierte Verdichtung vieler ähnlicher Szenen, oder gar um den Satz aus einer Derrick-Parodie von Harald Schmidt und Herbert Feuerstein. Trotzdem hat dieser Satz sich durchgesetzt und ist zu einer zitierbaren Gewissheit geworden. Genauso, wie Gaius Julius Cäsars finaler Ausruf »Auch du, Brutus!« gerne zitiert wird, obwohl Cäsar das gar nicht sagte. Ebenso wenig ist Goethes himmelfahrtshaftes »Mehr Licht!« durch den Hinweis zu widerlegen, dass Goethe lediglich auf vergleichsweise triviale Weise darum bat, die Fensterläden zu öffnen, damit es im Zimmer heller werde, dann aber zu der neben ihm sitzenden Ottilie sagte: »Nun, Frauenzimmerchen, gib mir dein gutes Pfötchen.« Daraus ließ sich jedoch keine metaphysisch ausbeutbare Aussage schmieden, und so ist es bei »Mehr Licht!« geblieben – einem Satz, der wohl eher etwas über die Bedürfnisse der Lebenden als die Befindlichkeit des Sterbenden auszusagen vermag.

Wer sich mit »Letzten Worten« beschäftigt und sie gar wie Ernst Jünger zu seinem Sammel- und Forschungsgebiet erhebt, muss wissen, dass er sich in den Bereich der Dichtung und der Legenden begibt. Den Quellen ist grundsätzlich zu misstrauen. So ist beispielsweise der General Aston, der bei Galiani vorgesprochen haben soll, nicht nachweisbar. Es gab keinen britischen Premier dieses Namens. Doch wer kam dann zu Besuch? Und was hat Galiani wirklich gesagt? Es wäre vergeblich, den Wahrheitsgehalt der einzelnen Äußerungen belegen zu wollen.

Jünger ging es nicht um die Authentizität des Materials. »Diese letzten Worte als Sammlung gleichen einer Sammlung von Irrtümern und ungenauer Überlieferung«, notierte er auf einer Karteikarte. »Trotzdem summieren sie sich zur Wahrheit, die ihnen innewohnt.« Und er fügte hinzu: »Das gilt von der Historie überhaupt.« Seine Sammlung betrachtete er als ein »Mosaik, dessen Steinchen zwar zufällig geformt sind, doch dessen Ganzes ein Bild ergibt.«[1] Die letzten Worte waren für ihn auch dann von Interesse, wenn sie den Toten von den Hinterbliebenen zugeschrieben oder in den Mund gelegt wurden, wenn sie im letzten Gestammel nur andeutungsweise zu vernehmen waren und den guten Willen der Zeugen voraussetzten, Bedeutungsvolles vernommen zu haben. Denn das trifft mehr oder weniger für alle letzten Worte zu, ja, für Geschichtsschreibung überhaupt. Sie werden überliefert oder »verliehen«,[2] wie Jünger es ausdrückte, sind also so etwas wie posthume Auszeichnungen.

Da ist es nur folgerichtig, dass eine der schönsten Sterbeszenen der Literatur entstammt, also gleich ganz im Reich der Fiktionen anzusiedeln ist. In Jüngers Sammlung von Äußerungen doch zumindest realer Personen ist sie deshalb nicht enthalten. Zu finden ist sie im zweiten Teil von Joseph Roths Roman »Radetzkymarsch«. Jacques, der alte Diener des Bezirkshauptmanns von Trotta, erhebt sich noch einmal vom Krankenlager, auf das ihn ein Fieber niedergeworfen hat. Sein letztes Wort ist verknüpft mit seiner letzten Handlung. Bevor er stirbt, bringt er das Bild des Helden von Solferino, das er noch einmal zu sehen begehrte, ordnungsgemäß an seinen Platz im oberen Stockwerk zurück. »Ich muss noch das Bild hinauftragen«, sagt er also.

Die rührende, zärtliche Kraft der Szene, begleitet vom Gesang des Kanarienvogels und dem Zschilpen der Spatzen im Hof, von rötlichen Wölkchen am Himmel und vom Summen der Maikäfer, ist in den bloßen letzten Worten nicht ganz enthalten. Man muss doch wohl auch wissen, mit welcher Beflissenheit Jacques zuvor noch einmal alle Stiefel seines Herrn geputzt hat und wie er dabei heiter mit der Bürste salutierte. Mit diesem Mann stirbt nicht nur ein Diener, sondern ein Zeitalter. Deshalb ist die Szene, obwohl sie fiktiv ist, so wahr. Umgekehrt könnte der letzte Satz von Kaiser

Franz Joseph durchaus einem Roman von Joseph Roth entstammen, wenn es sich so zutrug, wie in Jüngers Sammlung festgehalten. Demnach schleuderte der Kaiser dem Arzt, der voller Sorge im Schlafrock anstatt im vorgeschriebenen Frack zum Sterbenden ins nächtliche Zimmer stürzte, nur ein Wort entgegen: »Frack!« – und verschied. Auch bei Giuseppe Garibaldi, der in Sorge um die beiden Finken, die auf seinem Fenstersims spielten, mit den Worten starb: »Füttre sie, wenn ich gegangen bin«, könnte man an den Kanarienvogel des braven Dieners Jacques denken.

Letzte Worte tendieren dazu, sich zur Anekdote auszuwachsen. Sie verlangen danach, dass auch die Todesumstände erzählt werden. Denn erst dadurch erhalten sie ihre Färbung und die Kraft, schlaglichtartig einen Charakter oder einen bestimmten historischen Moment zu erhellen. Andererseits verführen letzte Worte aber auch dazu, sie aus der konkreten Situation herauszulösen und als frei schwebende Sentenzen der Ewigkeit zuzuführen. Dann sind sie weniger historisch, als Bestandteil einer Mythologie. Es ist die Mythologie des Sterbens selbst als eines Vorgangs, von dem die Menschen schon immer glauben wollten, er zeichne sich durch eine besondere Nähe zu höherer Wahrheit aus, weil er zwar noch zum Leben gehört, doch schon hinausragt und nicht mehr so stark von irdischen Interessen bestimmt wird.

Beide Elemente – Anekdote und zur Wahrheit geronnene Sentenz – sind in Jüngers Sammlung enthalten. Kleine historische Kuriositäten stehen neben isolierten Aussagen, herauspräpariert aus dem großen Strom der Zeit. In beiden gleichermaßen suchte er etwas darüber zu erfahren, was das Sterben ausmacht und wie es zu bewältigen ist. »Im Sterben muß ein bedeutender Akt, ja vielleicht Genialität verborgen sein«, notierte er unter dem Datum des 30. Oktober 1944 im Tagebuch. »Ich beobachte immer wieder, daß mich bei der Ankunft von Todesbotschaften eine Art der Rührung und des ungläubigen Staunens ergreift, als hätte der Abgeschiedene ein schwieriges Examen bestanden und eine Leistung, die ich ihm nicht zugetraut, vollbracht. Sogleich verändert sich auch auf das wunderbarste sein Lebensbild.«[3] Das ist der Ausgangspunkt, von dem aus sich Jüngers Interesse für letzte Worte erklärt. Dass die Toten uns vorausgegangen sind und dadurch eine Art Überlegenheit besitzen, war ein Gedanke, der ihn auch beim Tod seines Sohnes Ernstel tröstete. Als er im Januar 1945 die Nachricht erhielt, der Sohn sei bereits im November im Marmorgebirge von Carrara gefallen, schrieb er die erstaunlichen Sätze ins Tagebuch: »Der gute Junge. Von Kind auf war es sein Bestreben, es dem Vater nachzutun. Nun hat er es gleich beim ersten Male besser gemacht, ging so unendlich über ihn hinaus.«[4] Erst wenn man bedenkt, dass Jünger den Tod nicht als Ende, sondern als Übergang begriff, klingt das weniger erbarmungslos.

Die Stimmen der Toten organisieren sich, nebeneinander gestellt, zu einem großen Chor, in dem die Themen und Motive über die Jahrtausende hinweg bestehen bleiben und – in Variationen oder auch unverändert – wiederkehren. Es ist, als ob sie aufeinander antworteten, um über die Zeiten und Länder und sozialen Differenzen hinweg miteinander ins Gespräch zu kommen versuchten. »Beschäftigung mit ihnen hat den Reiz, daß man durch die gesamte Geschichte hindurchgehen kann, wie durch eine der Adern, in denen das Geflecht verschmilzt«, notierte Jünger dazu. »Ebenso schmilzt der Unterschied der Positionen ein, Bauer und König werden gleich. Hierzu das schöne Wort von Léon Bloy, daß im Tode die Geschichte in die Substanz einschneidet.«[5] Im Sterben scheint der Mensch schon nicht mehr seiner Epoche anzugehören, sondern eine existentielle Dimension des Daseins anzusteuern, die über die Zeiten hinweg unmittelbar verständlich bleibt.

Die meisten Stimmen der Sammlung gehören ins 19. Jahrhundert, dem Jahrhundert, dem Jünger sich umso stärker zugehörig fühlte, je älter er wurde. In seiner Jugend hatte er sich vom nüchternen Positivismus des Vaters abgestoßen, der für ihn ein Repräsentant des vergangenen Jahrhunderts war. Dessen Rationalismus setzte er ein metaphysisches Bedürfnis entgegen und einen Willen zur Transzendenz: Realität war für ihn immer sehr viel mehr als bloß das Sichtbare.

Umfangreiche Anthologien letzter Worte als eigenes Genre sind eine Erfindung und eine Mode des späten 19. Jahrhunderts.[6] Methodisch gehören sie dort auch hin: Forschereifer und der Glaube an die wissenschaftliche Erfaßbarkeit auch noch der letzten Dinge sind positivistische Eigenschaften. Doch der Gegenstand entzieht sich dem systematischen Zugriff.

Die Todessehnsucht der Romantik ist darin ebenso aufgehoben wie das Unbehagen an der Ernüchterung der Welt durch die Aufklärung. Montaigne hatte schon im 16. Jahrhundert den Wunsch nach einem solchen Kompendium formuliert, ohne ihm nachzugeben. Seine Neugier aber ist ein Zeichen dafür, dass sich damals etwas zu verändern begann. Letzte Worte waren nun nicht mehr bloß Bitten um Vergebung der Sünden und christliche Erlösungsformeln, sondern wurden individueller und origineller – und deshalb des Interesses wert. Der Mensch emanzipierte sich von den Religionen und wurde zum autonomen, selbstbewussten Subjekt. Dennoch waren Sammlungen letzter Worte zunächst noch eng begrenzt und didaktisch motiviert. Im 18. Jahrhundert gab es nur spezialisierte Anthologien, beschränkt auf Märtyrer und andere exemplarische Christen, Verbrecher und Ungläubige.[7] Das erste Buch der Literaturgeschichte, das »Letzte Worte« im Titel führt, ist Joseph Kaines »Last Words of Eminent Persons« aus dem Jahr 1866.[8] Vielleicht war der im 19. Jahrhundert gewachsene Geniekult und die historische Bedeutung, die der Persönlichkeit nun zugemessen wurde, eine Voraussetzung dafür. Das »letzte Wort« gehörte zum umfassenden Bild, das man sich von Prominenten aller Art machen wollte. Ein freier Buchmarkt, der sich an den Bedürfnissen der Leserschaft orientiert und nicht von religiösen oder politischen Interessen beherrscht wird, ist eine weitere Voraussetzung.

In der Gegenwart des 20./21. Jahrhunderts drohen letzte Worte dagegen wieder zu verschwinden, weil das Sterben ausgelagert und der Tod unsichtbar geworden ist.« Die moderne Krankenhausatmosphäre mit Arzt und Schwester, wo vom Tod möglichst wenig gesprochen werden soll, ist dem letzten Worte ungünstig«, notierte Jünger auf einer Karte unter dem Stichwort »Allgemeines«. Das hielt er für eine verhängnisvolle Entwicklung. Auf einer USA-Reise schrieb er im Januar 1958: »Die Uhren gehen dort vor – und wie seinerzeit Tocqueville so können auch wir heute ablesen, was uns blühen wird – eine Welt, die den Tod und die Liebe nicht kennt. Das hat mich unendlich bestürzt, obwohl es ja nur eine Bestätigung war.«[9] Demnach ist die Beschäftigung mit letzten Worten auch als eine Aktivität zu betrachten, die Jünger der modernen Seinsvergessenheit entgegenstellt. In der Begegnung mit dem Tod kommt der Mensch zu sich selbst; will er vom Tod nichts mehr wissen, dann verleugnet er auch das Leben.

1949, kurz nach dem Umzug von Kirchhorst nach Ravensburg, ließ Jünger Postkarten drucken, die er an Freunde und Bekannte verteilte und die ihm zugleich als Karteikarten dienten. Auf der einen Seite waren drei Spalten vorgegeben: »Autor«, »Letztes Wort« und »Quelle«; auf der Rückseite stand sein eigener Name und seine Postanschrift: »14b Ravensburg, Wilhelm-Hauff-Straße 18«, daneben war Platz für die Absenderangabe. Da er schon im Juli 1950 nach Wilflingen umzog, wo er zunächst das Stauffenbergsche Schloss und ein knappes Jahr später die gegenüber liegende Oberförsterei bezog, musste, wer ihm nun eine dieser Karten schickte, die Anschrift entsprechend korrigieren. Da er die meisten Karten aber sowieso selbst ausfüllte, spielte dieser Mangel keine große Rolle. Dann tippte er als Absenderangabe ein akkurates »E. Jünger« an die vorgegebene Stelle. Wie alle Sammler neigte auch er zu Akribie. Eine Sammlung steht und fällt mit der Ordnung, die in ihr herrscht. Ordnung aber muss deshalb herrschen, weil eine Sammlung als kleiner Ausschnitt des Universums zu betrachten ist, der dazu dient, dem Chaos der Welt ein Stückchen Übersichtlichkeit abzutrotzen. Jedes einzelne Fundstück erhält hier seinen ihm zugewiesenen Platz und rückt damit in einen Zusammenhang ein, in dem es mit all seinen individuellen Besonderheiten aufgehoben ist.

Der Hauptbestand der Postkarten stammt aus der ersten Hälfte der fünfziger Jahre, danach nahm die Sammelleidenschaft merklich ab. Letzte Zugänge sind im Jahr 1957 zu verzeichnen, dann noch einmal einige Ergänzungen Ende der siebziger Jahre. Die zu Lebzeiten unveröffentlicht gebliebene essayistische Annäherung ans Thema ist in der Werkausgabe mit dem 8.2.1961 datiert.[10] Jünger sammelte insbesondere zu einer Zeit, als der Zweite Weltkrieg mit seinen Millionen Toten noch unmittelbar gegenwärtig war. Die letzten Worte der in Nürnberg als Kriegsverbrecher hingerichteten Nationalsozialisten entnahm er einem Buch, das 1950 erschien; sie stehen in ihrer verstockten Unbelehrbarkeit wie ein schwarzes Loch inmitten der Sammlung, die also keineswegs unschuldig und ahistorisch ist. Doch Jünger nahm auch diese Zeugnisse nicht als Historiker wahr, sondern als ein am Typus interessierter Forscher, dem es darum ging, die Stimmen der Toten in eine

Autor	Letztes Wort	Quelle
Allgemein :	Zum indianischen Sterbegesang s. "Todeslied eines Gefangenen."	Goethe I, 1092

Autor	Letztes Wort	Quelle
Allgemein	Die bezeugten Erlebnisse von Menschen, die in das Tal des Todes eintraten, deuten darauf hin, daß uns im Jenseits Leben und Schönheit erwarten. Zuweilen bringen Krankheiten freilich Schmerzen, und des Menschen Weg zum leiblichen Tode kann sehr beschwerlich sein; im Augenblick des Hinübergehens aber scheint — wie ein großer Arzt es beschrieben hat — „eine sanfte Welle des Friedens über ihn zu kommen". Eine Krankenschwester, die das Sterben vieler Menschen miterlebt hat, erzählte mir: „Viele Patienten haben in ihrer Todesstunde zu erkennen gegeben, daß sie etwas sahen, und häufig haben sie von wunderbarer Lichtfülle und Musik gesprochen. Manche sagten, sie erblickten vertraute Gesichter. Oft verriet ihr Blick ein ungläubiges Staunen."	Readers Digest Dezember 57

Ordnung zu bringen, so wie er auch seine Käfersammlung nach Familien und Arten und Erscheinungsformen sortierte und dazu Fundorte und besondere Begleitumstände festhielt.

Jünger war kein Pionier. Er konnte bereits auf eine Reihe ähnlicher Sammlungen zurückgreifen. Edward Le Comtes »Dictionary of Last Words«[11] gehörte ebenso zu seinen bevorzugten Quellen wie »Das Herz steht still« von Lotte Zielesch.[12] Claude Avelines »Les Mots de la Fin«[13] schlachtete er dermaßen aus, dass er, um nicht jedes Mal die Quellenangabe abschreiben zu müssen, einen Stempel mit der Kennzeichnung »Aveline« benutzte. Genauso bedenkenlos benutzte er Meldungen aus »Readers Digest« oder aus der Illustrierten »Quick«. Bei Bedarf zitierte er auch aus eigenen Werken wie dem Pariser Tagebuch, was er dann ebenfalls fein säuberlich als Quelle angab. Für viele Tote kamen dadurch mehrere, teilweise recht unterschiedliche oder sich widersprechende letzte Worte zusammen. So treten auch in der hier vorliegenden Auswahl einige Personen mehrfach und mit verschiedenen Äußerungen auf. Die Geschichte der letzten Worte ist immer auch die Geschichte ihrer Überlieferung und der damit verfolgten Interessen.

Zum Material, wie es im Deutschen Literaturarchiv Marbach vorliegt, gehören auch ein paar Bücher, darunter Herbert Nettes Sammlung »Adieu les Belles Choses«[14] mit einer Widmung des Autors für Ernst Jünger, »Famous Last Words« von Jonathan Green[15] und, die Grenzen der Sprache überschreitend, Egon Friedells Band mit Fotos von Totenmasken.[16]

Vielleicht sind sie ein Hinweis darauf, dass Jünger das, was er in den letzten Worten nicht finden konnte, in den Gesichtern der Toten aufzuspüren hoffte. Daneben liegt ein Typoskript von Dr. Kurt Sauer, eine dreibändige Dissertationsschrift aus den dreißiger Jahren und im Stil der Zeit, mit dem markigen Titel »Ultime Parole Lingua di Sangue – Letzte Worte, Sprache des Blutes«. Auch diese fragwürdige Quelle wurde von Jünger genutzt.

Sammlungen sagen etwas über das Sammelgebiet aus, aber vielleicht noch mehr über den Sammler. Jünger sammelte Muscheln, Echsen und Schildkrötenpanzer, Sanduhren, Bücher, Spazierstöcke, Dolche und allerlei Teller, Schälchen und Döschen, die seine Wilflinger Wohnräume in ein Museum der Dinge verwandelten. Das biedermeierliche Ambiente, in dem er sich eingerichtet hat, lässt diese Räume wie eine aus der Zeit gefallene Insel erscheinen. Von diesem exterritorialen Gebiet aus brach er zu seinen zahlreichen Weltreisen auf; hierher kehrte er an den Nullmeridian der Geschichte zurück, um seine Fundstücke zu sichten und zu bewahren. Zu den wie Ausstellungsstücke bereitliegenden Gegenständen gehörten auch sein durchlöcherter Stahlhelm aus dem ersten Weltkrieg und der Helm des von ihm im Gefecht getöteten Engländers, den er als Trophäe aufbewahrte.[17]

Doch all die Muscheln, Uhren, Stöcke sammelte er unsystematisch und ungeordnet. Sie dienten eher der Erinnerung, als der forschenden Neugier. Systematisch führte er dagegen seine von frühester Jugend bis ins hohe Alter betriebene

Käfersammlung und – vorübergehend – die Sammlung der letzten Worte. Käfer und Worte sind benachbarte Gebiete, die auf unterschiedliche Weise mit seinem großen Lebensthema zu tun haben: der andauernden Auseinandersetzung mit Tod, Vergänglichkeit und Wiederkehr, mit der Frage nach Zeit und Ewigkeit. Die Käfer, denen er auf »subtiler Jagd« nachstellte – ob in der Moorlandschaft der Kindheit am Steinhuder Meer, in den Schützengräben des ersten Weltkrieges oder am so oft besuchten Mittelmeer –, tötete er mit Äther, denn Äther hält Fühler und Beinchen geschmeidig. Indem er die Tiere tötete, entriss er sie der raschen Vergänglichkeit des Lebens und führte sie der Dauerhaftigkeit seiner Sammlung zu – auch wenn ihm wohl bewusst war, dass auch die sorgsam gepflegte Sammlung eine Tages zu rotem Staub zerfallen wird. Auf dem Umweg über den Tod gaben die Käfer Auskunft über Formenreichtum und Farbnuancen des Lebens. Jedes einzelne Exemplar ließ sich einer bestimmten Art zuordnen und war doch einzigartig. Sammlungen sind naturgemäß nicht abschließbar.

Das gilt auch für die »Letzten Worte«. Sie sind dem Tod entrissen, um Auskunft über das Leben zu geben. Jünger betrachtete Tod und Leben nicht als Gegensätze, sondern als zwei Seiten der Existenz. Im Kreislauf von Werden und Vergehen wurde zwar das individuelle Dasein ausgelöscht, aber doch nie das Leben selbst. Der Todesmut des Soldaten Ernst Jünger in den Schlachten des Ersten Weltkriegs hatte mit seiner Haltung zu tun, den Tod nicht zu verachten, sondern ihn neugierig zu erwarten. »Übrigens gehört es zu meinen Maximen, daß uns die Freiheit immer gewogen bleibt, solange wir mit dem Tode als Drittem im Bunde einverstanden sind«, schrieb er im Februar 1918 von der Front an seinen Bruder Friedrich Georg.[18] Vielleicht ist Ernst Jünger deshalb über hundert Jahre alt geworden, weil er den Tod nicht fürchtete.

Mit den Toten, die ihn umgaben, pflegte er vertraulichen Umgang. Er war von ihrer Weiterexistenz ganz und gar überzeugt. Das belegte ja schon die Tatsache, dass sie in seinen Träumen erschienen und dass er mit ihnen sprach. Auf dem Fenstersims der Bibliothek versammelte er die Fotos der gestorbenen Freunde; hinterm Glas des Sekretärs standen die toten Familienangehörigen. Auch ihre Stimmen konnte er hören, und es war seine Aufgabe, sie lebendig zu halten. »Mir scheint oft, daß die Toten reifen und milder werden; sie wachsen in uns mit posthumen Wurzeln – *wir* sind der wahre Totenacker, der wahre Totengrund. Sie wollen in den Herzen bestattet sein. Dafür sind wir dann dankbar, und dieses Verhältnis gibt Familien und Völkern die Kraft zum Wandel durch die Zeit«, schrieb er am 30. Mai 1945, drei Wochen nach dem Ende des Zweiten Weltkriegs, ins Tagebuch.[19]

Als ein solcher Totenacker ist wohl auch die Sammlung der letzten Worte zu begreifen. Sie ist ein Versuch, dem Tod näher zu kommen und wie durch eine spaltbreit geöffnete Tür einen kleinen Blick auf das zu erhaschen, was dahinter verborgen sein könnte. »Schließe die Tür«, sagte Cato der Jüngere, bevor er sich erdolchte, zu seinem Sklaven. Der Mystiker Jakob

Böhme bat seinen Sohn darum, die Tür zu öffnen, damit auch der Sohn die Klänge bemerke, die er selbst schon hören konnte. Von dieser Vorstellung einer Tür ausgehend, dachte Jünger darüber nach, in welche Ordnung er die letzten Worte bringen könnte. Denn erst die Ordnung gibt der Sammlung ihren spezifischen Sinn. Die Postkarten – es handelt sich um einige tausend – sortierte er in zwei Karteikästen, alphabetisch von A bis G und von H bis Z.[20] Das war ein praktisches, jedoch wenig aussagekräftiges Prinzip. Unter dem Stichwort »Allgemeines« sammelte er Überlegungen für eine befriedigendere, aus der Natur der Sache resultierende Einteilung. Auf einer dieser Postkarten steht: »Die Idee des geöffneten Tores.« Auf einer weiteren: »Einteilung könnte im Großen nach zwei Gesichtspunkten geschehen: Rückwärts und vorwärts gewandte Aussprüche.« Auf einer dritten versuchte er, inhaltliche Kriterien zu entwickeln. Unter der Überschrift »Erster Versuch einer Einteilung« heißt es da: »1.) Typen: Götter, Heilige, Mythische Figuren, Herrscher. 2.) Verhältnis zur Gesellschaft: Antike, Barock. Zur Frau, zur Umgebung, zum Gefolge. Unter Männern im Gefecht. 3.) Situationen. Mord, Selbstmord, Hinrichtung. Tod wird hier oft lange vorausgesehen. 4.) Charaktere. Heroen, Witzbolde.«

Die vorliegende Ausgabe orientiert sich an diesen Überlegungen. Das Alphabet der Karteikästen zu übernehmen, wäre die schlichteste, aber auch die reizloseste Variante gewesen. Eine Gruppierung nach inhaltlichen Gesichtspunkten bringt dagegen Stimmen in unmittelbare Nachbarschaft, die, auch wenn sie über Raum und Zeit hinweg nichts voneinander ahnen konnten, ähnliche Aspekte in den Blick nehmen. Was in der Käfersammlung Familien und Arten sind, sind hier Kapitel und Unterkapitel. Durchaus tragfähig erwies sich dabei die Aufteilung in rückwärts und vorwärts gewandte Worte. Dazwischen aber – und das ist bei weitem, der umfangreichste Teil – liegen diejenigen, die sich mit dem Sterben selbst beschäftigen und Aussagen über das sich gerade vollziehende Geschehen treffen wollen. Da geht es um Essen und Getränke, um Medizin, Befindlichkeit und Liegepositionen, um Blumen und Musik, Zeit und Endlichkeit.

Eine Sonderstellung nehmen Opfer von Gewalttaten ein. Besonders zahlreich sind letzte Worte von Hingerichteten. Sie hatten mit dem Tod zu rechnen und konnten sich vorbereiten auf das, was sie noch zu sagen hätten. Zum Spektakel der Hinrichtung als öffentlichem Theater auf den Scheiterhaufen des Mittelalters oder unter der Guillotine der französischen Revolution gehörte das letzte Wort zwingend dazu. Die Menge verlangte danach, denn sonst wäre das Stück unvollständig gewesen.

Jünger hatte eine Vorliebe für diese Szenen, so wie er sich auch für Schiffsuntergänge interessierte, denen eine eigene Abteilung in seiner Bibliothek gewidmet war. Da konnte er beobachten, ob der Mensch auch im Augenblick unmittelbarer, sicherer Todeserwartung »Haltung« bewahrte oder ob er zu winseln und zu fletschen begann. Keines war ihm mehr zuwider als das letzte Wort der englischen Königin Elisabeth I., die für eine einzige zusätzliche Minute alle ihre Schätze bieten wollte. Doch mit dem Tod lässt sich nicht handeln, eine Tatsache, die zuvor auch Kardinal Henry Beaufort akzeptieren musste, der die Unbestechlichkeit des Todes beklagte: »Ist denn mit Geld gar nichts zu machen?« Als Soldat zog Jünger die Kaltblütigkeit des Epaminondas vor, der die Speerspitze, die in seinem Körper steckte und an der er sterben musste, erst nach gewonnener Schlacht aus der Wunde zog, um erst dann daran zu verbluten.

Jüngers eigentliches Interesse richtete sich auf das Kapitel, das in dieser Ausgabe nun mit »Vorschau« überschrieben ist. Die Kapitelüberschriften, die Einteilung und die chronologische Anordnung innerhalb der einzelnen Kapitel stammen vom Herausgeber. (Lebensdaten und Kurzcharakteristiken wurden, wo nötig ergänzt oder stillschweigend berichtigt; wenige englische oder französische Zitate ins Deutsche übersetzt.) »Vorschau« aber nimmt einen Begriff Jüngers auf. Er bezeichnete damit die visionäre Fähigkeit, für einen Augenblick an Ereignissen in der Zukunft teilzuhaben, und zwar nicht wie ein Prophet, der sie voraussieht und verkündet, sondern als jemand, der durch einen Riss in der Zeit für einen Moment in die Zukunft gelangt. So will er das Schlussbild seines Romans »Auf den Marmorklippen« mit den brennenden Städten am Ufer des Bodensees in einer nächtlichen Trance (nach dem Genuss von reichlich Alkohol) im Oktober 1938 gesehen haben – ein Bild, das den Untergang Friedrichshafens im Bombenhagel schon vor Kriegsbeginn vorwegnahm. »Vorbrand« nannte Jünger das an dieser Stelle.[21] Und als im Januar 1944 sein Vater starb, will er, exakt in der Todesstunde dessen Augen vom nächtlichen Himmel herab strahlen gesehen haben.[22] Derart auf Visionen und »Vorschau« spezialisiert, hoffte er, auch in den Letzten Worten der Toten seiner Sammlung ähnliches zu erfahren. Unter den allgemeinen Notizen findet sich die Frage: »Telepathische Anrufe?« Doch die Sammlung gibt diesbezüglich nicht viel her.

Auf einer anderen Karte macht Jünger sich Gedanken über geflügelte Wesen, auf deren Erscheinen vieles hindeute. »Ein sechsjähriger Knabe sieht Blumen und Marienkäferchen, und ruft dann: ›und nun – nun bekomme ich selber Flügel!‹ Dabei bewegt er die Schultern, als ob er Flügel fühle, dann steht sein Herz still. Eine alte Frau sagt, aus der Bewußtlosigkeit erwachend, freudig erregt: ›Nein, wie ist es doch herrlich hier, so hell und schön – was für ein süßer, kleiner Vogel, wie weich und warm er ist – ich möchte ihn in der Hand halten.‹« Vielleicht ist die Enttäuschung darüber, dass die Aussagen in dieser Richtung unbefriedigend blieben, einer der Gründe, warum Jünger das Sammeln einstellte und auch sein Essay zum Thema nicht über einen ersten Ansatz hinauskam. Über das, was nach dem Sterben kommt, konnte keiner der Sterbenden mehr als Ahnungen vermitteln. So bleibt die Sammlung eine Annäherung, die zu keinem Ziel und keinem Abschluss führen kann.

Bei der vorliegenden Ausgabe handelt es sich um eine vergleichsweise kleine Auswahl. Weggelassen sind vor allem die formelhaften, sich allzu sehr ähnelnden Bekenntnisse religiöser Art und patriotische Gesinnungsbekundungen. Stattdessen wurde besonders auf Originalität der Zeugnisse geachtet und auf eine gewisse Prominenz der Toten. Aussagekräftig sind darüber hinaus aber auch die Quellen, weil sie Aufschluss über Jüngers bevorzugte Lektüren und geistige Orientierung geben. Seine Frankophilie spiegelt sich deutlich darin wider. So sind die von ihm hochgeschätzten Tagebücher der Brüder Goncourt ebenso enthalten wie die »Historiettes« des Gédéon Tallemant des Réaux. Interessant auch, dass der zweite der beiden Karteikästen zudem eine Zitatsammlung zu Farben enthält – als ob die Nuancen des Sichtbaren ein Forschungsgebiet wären, das den letzten Worten an die Seite gestellt werden müsste: Sicht- und Lichtverhältnisse sind darin ja auch schon ein Thema. Die Farbforschung belegt, dass Jünger sich – wie Goethe – als Naturforscher sah und sich auch mit den letzten Worten als Naturwissenschaftler befasste. Doch Naturwissenschaft ist für ihn eben nicht auf die Natur beschränkt. Sein Interesse greift weit darüber hinaus nach dem Rätsel des Lebens und der Frage des Weiterlebens nach dem Tod.

Von Jünger selbst sind keine letzten Worte überliefert. Als er im Februar 1998, einen Monat vor seinem 103. Geburtstag starb, war die zweite Ehefrau Liselotte bei ihm. Sollte er noch etwas gesagt haben, dann schwieg sie darüber. Dafür ist aus dem Frühjahr 1950, aus der Mitte seines Lebens, ein letztes Wort überliefert. Es stammt aus der Zeit, in der die

Sammlung entstand und in der, so berichtet der damalige »Sekretarius« Armin Mohler, heftige Trinkgelage stattfanden. Da kam das Gespräch bei einem Besuch der Freunde Gerhard Nebel, Erhart Kästner und des Verlegers Ernst Klett am frühen Morgen auf die »letzten Worte«. Armin Mohler legte seinem Chef ein militärisch knappes »Melde mich zur Stelle!« nahe, was Jünger mit einem Gegenvorschlag zurückwies: »Bitte, vorbeitreten zu dürfen.« In Mohlers »Ravensburger Tagebuch« heißt es dazu weiter: »Kästner fällt besonders das ›Leidensgesicht‹ von EJ auf.«[23] Man kann diese Anekdote durchaus als Hinweis darauf werten, dass Jünger den soldatischen Typus als Orientierungsgröße bereits hinter sich gelassen hatte und nunmehr als »bürgerliches Individuum höflich in die Sterbegesellschaft aufgenommen werden« wollte.[24] Als wirkliches letztes Wort ist sie ein halbes Jahrhundert vor Jüngers schweigsamem Abgang kurz vor dem Jahrtausendwechsel nicht zu gebrauchen. Der Sammler wehrt sich dagegen, selbst zum Bestandteil der Sammlung zu werden. Schließlich ist er ja deshalb Sammler geworden: Er ist der, der den Überblick behalten möchte als ordnende Instanz jenseits der Dinge.

1 Sammlung »Letzte Worte«, Nachlass Ernst Jünger, Deutsches Literaturarchiv Marbach
2 ebd.
3 Ernst Jünger, Kirchhorster Blätter, Sämtliche Werke III, S. 315
4 ebd., S. 360
5 Nachlass Ernst Jünger, Deutsches Literaturarchiv Marbach
6 vgl. dazu Karl S. Guthke: Letzte Worte. Variationen über ein Thema der Kulturgeschichte des Westens. C.H. Beck, München 1990, S. 105ff
7 ebd., S. 105
8 ebd., S. 128
9 Nachlass Ernst Jünger, Deutsches Literaturarchiv Marbach. Brief an Hans Speidel vom 4.3.1958
10 Ernst Jünger, Letzte Worte. Sämtliche Werke XXII, S. 721ff
11 Edward S. Le Comte: Dictonary of Last Words, Philosophical Library, 195
12 Lotte Zielesch. Das Herz steht still. Zinnen-Verlag, München 1946
13 Claude Aveline, Les Mots de la Fin, Hachette, Paris 1957
14 Herbert Nette, Adieu les Belles Choses. Eine Sammlung letzter Worte. Eugen Diederichs, 1971.
15 Famous Last Words. The ultimate Dictonary of Quotations. Compiled by Jonathan Green. Omnibus Press, 1979
16 Egon Fridell, Das letzte Gesicht. Neunundsechzig Bilder von Totenmasken. Diogenes, 1984. (Die Erstausgabe erschien 1929)
17 vgl. dazu Ernst Jünger, Kriegstagebuch 1914–1918, 14.4.1917. Klett-Cotta 2010, S. 268; In Stahlgewittern, Sämtliche Werke I, S. 161
18 Nachlass Ernst Jünger, Deutsches Literaturarchiv Marbach
19 Ernst Jünger, Die Hütte im Weinberg, Werke III, S. 459
20 Nachlass Ernst Jünger, Deutsches Literaturarchiv Marbach
21 Adnoten zu »Auf den Marmorklippen«, Ernst Jünger, Sämtliche Werke XXII, S. 389
22 Ernst Jünger, Kaukasische Aufzeichnungen, Sämtliche Werke II, S. 482 und 485
23 Armin Mohler, Ravensburger Tagebuch. Meine Jahre mit Ernst Jünger. Karolinger Verlag, Wien, Leipzig 1999, S. 75
24 so Stephan Schlak: Ernst Jüngers Letzte Worte. In: Zeitschrift für Ideengeschichte, Heft II/2, Sommer 2008, S. 9

Personenverzeichnis

Abraham 52
Adam, Alexander 165
Agassiz, Louis 161
Alexander der Große 82
Allingham, William 166
Anaxarchos 82
Andreas-Salomé, Lou 68
Andronikus 189
Anonym 30, 76, 101, 113, 119, 177
Anonym Feldwebel G. 51
Anonym Gefreiter M. 51
Archimedes 31
Arndt, Ernst Moritz 62
Arnold, Gottfried 193
Assisi, Franz von 51, 189
Atli 78
Auber, Daniel-Francois-Esprit 38
Augustinus 189
Augustus 59
Austen, Jane 161
Aveline, Claude 227
Bakunin, Michail 27
Balzac, Honoré de 106
Bärnwick 131
Barrett Browning, Elizabeth 153
Barron, Clarence Walker 210

Bashkirtseff, Marie 162
Bassus, Aufidius 78
Bastiat, Frédéric 62
Battenberg, Friedrich Freiherren von 85
Battenberg, Gisbert Freiherren von 85
Beaufort, Kardinal Henry 28
Beethoven, Ludwig van 93, 114, 123, 128, 129
Bell, Alexander Graham 41
Bellini, Vincenzo 143
Benedikt XV. 135
Bennett, Arnold 27
Bennett, Dorothy C. 27
Bergmann, Ernst von 147
Berlioz, Hector 130
Besancon 28
Beuret, Rose 67
Bismarck, Otto von 170
Björnson 33
Blake, William 129
Blanchard Jerrold, William 176
Bloy, Léon 15, 93, 221
Blücher, Gebhard Leberecht von 54
Böcklin, Arnold 57
Boesen, Emil 56
Bogart, Humphrey 120

Böhme, Jakob 126, 231
Boleyn, Anne 84
Bolívar, Simón 195, 215
Bouchard, Nicole 95
Bourbon, Élisabeth Philippine
    Marie Hélène de 92
Bovier de Fontanelle,
    Bernard le 61, 149
Brahe, Tycho 23, 151
Brahms, Johannes 118
Brainerd, David 149
Braun, Lili 173
Brockdorff-Rantzau,
    Ulrich von 27
Brodersen, Friedrich 200
Brontë, Charlotte 62
Bruno, Giordano 87
Brutus 77
Büchner, Georg 209
Buddha 52, 53, 87
Buonarotti, Michelangelo 28
Burckhardt, Jacob 177
Bürgerin Marboeuf 89
Burr, Aaron 34
Burroughs, John 199
Burrus, Sextus Afranius 78
Byrne, Donn 67
Byron, Lord George Gordon 146
Calverac 193
Calvin, Johannes 191
Campan, Jeanne Louise
    Henriette 205
Campmorin de Jarossé,
    Chesson 47
Canning, George 46
Carême, Marie-Antoine 34
Carl II. 132

Carlyle, Thomas 206
Carrel, Armand 81
Carroll, Lewis 159
Caruso, Enrico 143
Casanova, Giacomo 26, 140
Cäsar, Gaius Julius 77
Cato der Jüngere 74
Cervantes, Miguel de 61
Cézanne, Paul 39
Chenier, André 91
Cherubini, Luigi 161
Chesterton, Gilbert Keith 168
Christus 82, 144, 186, 189, 190
Churchill, Charles 24
Cicero, Marcus Tullius 77
Cimber, Tullius 77
Claudius, Matthias 173
Conradin 142
Constantius zu Rouen 85
Corot, Jean-Baptiste Camille
    38, 181
Cossmann, Paul Nikolaus 159
Cowper, William 209
Cranmer, Thomas 85
Cromwell, Oliver 23
Cuvier, Baron Georges 116
Danton, Georges 90
Darwin, Charles 154
David, Jaques-Louis 33
Delaville Comte de Lacépèdre,
    Bernard 34
Delp, Alfred 98
Der heilige Abt Agathon 60
Der heilige Abt Johannes 19
Descartes, René 172, 204
Desmoulins, Camille 91, 175
Desmoulins, Lucile 175

Dickens, Charles 159
Diderot, Denis 113
Diogenes 145
Disreali Earl of Beaconsfield, Benjamin 38
Dostojewski, Fjodor Michailowitsch 65
Doumerge, Paul 143
Drexel III., Anthony J. 141
Drusus, Marcus Livius (der Jüngere) 19, 60
Duse, Eleonora 199
Edison, Thomas 200
Elisabeth I. von England 20, 28
Elisabeth Kaiserin von Österreich-Ungarn 210
Eng 65
Epaminondas 43
Erdmenger, Bertha 199
Eugen, Karl 150
Evarts, Jeremiah 55
Ewald, Johannes 133
Fantel de Lagny, Thomas 29
Fichte, Johann Gottlieb 150
Fioretti Tiberio aus Neapel 112
Fischer, Wolfgang 69
Foot, Solomon 166
France, Anatole 143
Franklin, Benjamin 156
Franz Joseph I. 107, 218
Frau Rat 142
Friedell, Egon 75
Friedrich der Große 194, 209
Friedrich Wilhelm I. 46, 105
Friedrich Wilhelm von Brandenburg 148

Fritz, der Alte 13
Fröbel, Friedrich 122
Fuller, Margaret 196
Galiani, Abbé Ferdinando 195, 215, 217
Garibaldi, Giuseppe 125, 219
Gassendi, Pierre 203
Gauguin, Paul 27
Gellert, Christian Fürchtegott 132
General Aston 215, 217
Gentz, Friedrich von 153
George, Stefan 67
Gesner, Conrad 121
Gezelle, Guido 125
Gilbert, Graham Jack 102
Gilbert, Hubert E. 137
Girardin, Émile de 81
Goebbels, Joseph 75
Goethe, Johann Wolfgang von 110, 114, 115, 123, 125, 142, 173
Gogh, Vincent van 196
Gogol, Nikolai 56
Gorgias 145
Görres, Joseph 56
Gräfin Kanitz 57
Green, Joseph Henry 107
Grettir 13
Guitry, Sacha 42
Haimonius 53
Hale, Nathan 45
Haller, Albrecht von 105
Hamilton, Alexander 34
Hamsun, Knut 70
Händel, Georg Friedrich 101
Hardekopf, Ferdinand 141

Hardenberg, Friedrich von 32, 127
Hardy, Thomas 26
Hare, Robert 196
Hari, Mata 96
Hatney 83
Hauptmann, Gerhart 201
Hauser, Kaspar 195
Hebbel, Friedrich 117
Hegel, Georg Wilhelm Friedrich 26
Heine, Heinrich 187
Heinrich IV. 28
Heinrich VIII. 171
Hellmesberger, Josef 119
Henry, Prince of Wales 203
Herbert, Edward 132
Hertslet, W. L. 169
Hielscher, Fritz 58
Himmler, Heinrich 75
Hindenburg, Paul von 68
Hitler, Adolf 51, 75, 99
Hobbes, John Oliver 199
Hobbes, Thomas 165, 193
Hofer, Andreas 95
Hoffmann, E.T.A. 140
Hofmannsthal, Hugo von 155
Hofmiller, Josef 119
Hokusai 37
Homer 145
Hopkins, Samuel 173
Humboldt, Caroline von 176
Humboldt, Wilhelm von 157
Hunter, William 149
Hus, Jan 82
Husserl, Edmund 168
Hüttenbrenner, Anselm 115, 128

Ibsen, Henrik 154
Isaak 52
Jakob 52
James Sr., Henry 57, 177
Jay, John 29
Jay, William 153
Jeremy Bentham 150
Jerrold, Douglas 176
Jesus 55, 177, 189, 190
Jodl, Alfred 100
Joffre, Josef 27
Johnson, Samuel 204
Joseph 52, 170
Joseph II. 25
Joyce, James 213
Kafka, Franz 108
Kähler, Martin 207
Kalif Harun (al Raschid) 13
Kaltenbrunner, Ernst 101
Kant, Immanuel 93, 114, 123, 157
Kardinal Cintio 31
Karl I. 180
Karl IX. 20
Karl Ludwig Kurfürst von der Pfalz 121
Karl V. 19, 190
Karl XII. 137
Keats, John 122
Keitel, Wilhelm 98
Kepler, Johannes 23
Kierkegaard, Sören 56
Kition, Zenon von 73
Kleomenes III. 59
Klett, Ernst 236
Klopstock, Friedrich Gottlieb 108, 111, 175
Kollwitz, Käthe 58, 152

Konfuzius 208
Körner, Theodor 45
Kratesiklea 59
Kraus, Christian Jakob 150
Kunde, Felix 107
Lacenaier 96
Lacordaire, Jean Baptiste 192
Lafayette, Marquis de 160
Lainas, Popilius 78
Lamarck, Jean-Baptiste de 205
Lamoignon de Malesherbes,
    Guillaume de 90
Lampl, Paul 155
Langen, Carl-Friedrich von 41
Langen, Hanko von 42
Le Comte, Edward 150
Lenin 48
Leonidas 112
Leopardi, Giacomo 166
Lesdiguières, Francois 28
Lespinasse, Julie de 209
Levasseur, Therese 180
Lieven, Dorothea
    Fürstin von 116
Liszt, Franz 130
Livia 60
Livius 78
London, Jack 199
Ludwig I. von Bayern 134
Ludwig VIII. 191
Ludwig XIII. 54
Ludwig XIV. 23, 54, 148
Luise von Preußen 191
Lund, Troels 56
Luther, Martin 190
MacGregor, Rob Roy 126
MacLeod Zelle, Marguerite 96

Madame Élisabeth 92
Maeterlinck, Maurice 69
Mahler, Gustav 130
Malherbe, Francois de 136, 139
Mangin, Stefan 83
Manley Hopkins, Gerard 206
Mann, Thomas 168
Marat, Jean-Paul 89
Marconi, Lana 42
Margarete von Schottland 60
Maria Theresia 24, 146, 157
Marie Antoinette 89
Marquis de Laplace, Pierre-Simon 205
Marryat, Frederic 206
Marwitz, Bernhard
    von der 167
Marx, Jenny 65
Marx, Karl 65
Mather, Cotton 149
Matthäus 65
Maupassant, Guy de 167
May, Karl 207
Mazarin, Jules 172
McCormick, Cyrus Hall 182
Meade, George Gordon 196
Medici, Lorenzo di 136
Melanchton, Philipp 180
Mesmer, Franz Anton 128
Mew, Charlotte Mary 74
Michelangelo 28
Michelet, Jules 38
Mirabeau, Marquis de 45, 134
Modersohn-Becker,
    Paula 66, 178
Modigliani, Amadeo 48
Mohammed 185

Moliére, Jean Baptiste
   Poquelin 31, 32
Montrose, Marquis
   James Graham 88
Morgenstern, Christian 174
Moritz von Sachsen 160
Morus, Thomas 83
Mozart, Wolfgang Amadeus 127
Murajew-Apostol, Sergius 96
Murphy, John Benjamin 40
Musset, Alfred de 146
Mussolini 98
Mussorgsky, Modest 161
Napoleon II. 143
Narváez, Ramón Maria 46
Nelson, Horatio 26
Nero 19, 60, 78
Newton, Sir Isaac 204
Nietzsche, Friedrich 66
Nikokreon von Kypros 82
Novalis 32, 127
O'Carolan, Turlough 112
Obentraut, Hans Michael
   Elias von 121
Obergefreiter Müller 46
Ochsenkraft, Thorbjörn 78
Paganini, Niccolò 187
Paine, Thomas 186
Papst Leo XIII. 188
Paul, Jean 122
Paulus 51, 189
Petacci, Claretta 98
Piccolomini, Enea Silvio 43
Pitman, Sir Isaac 154
Pitt, William der Jüngere
   110, 114
Ploetz, Karl Julius 39

Plutarch 78, 145
Poe, Edgar Allan 174
Pompadour, Madame de 32
Prince de Ligne 26
Prince, Tom von 47, 48
Prinz Salm 107
Prinz von Wales 34
Proteus, Peregrinus 74
Puccini, Giacomo 67
Pym, John 203
Raabe, Wilhelm 210
Rabelais, François 160
Raleigh, Sir Walter 87
Ramakrishna 196
Renan, Ernest 162
Renoir, Auguste 41
Reuter, Fritz 147
Richards Craigie, Pearl 199
Richelieu 44, 46
Richter, Johann Paul 122
Rikyū, Sen no 86, 87
Rilke, Rainer Maria 57
Rimbaud, Arthur 192
Rivarol, Antoine de 122
Rodin, Auguste 41, 67
Rohan-Chabot, Louis-François-
   Auguste de 205
Rossini 34
Rousseau, Jean-Jacques 180
Rumpel 188
Russell, Lord William 132
Saint-Just, Louis Antoine de 92
Sallet, Friedrich von 62
Sappho 52
Sariputta 53
Sauckel, Fritz 100
Sauer, Dr. Kurt 228

Scarron, Paul 139
Schiller, Friedrich 14, 115, 165, 181
Schleiermacher, Friedrich 153
Schmitz, Oscar A. H. 182
Schors, Dr. Walter 179
Schubert, Franz 128, 129
Schulz, Wilhelm 210
Schurz, Carl 155
Schwind, Moritz von 118, 154
Scott, Sir Walter 55, 176, 205
Séchelles, Hérault de 90
Seiß-Inquart, Arthur 100
Sergeant Lucas 46
Seume, Johann Gottfried 161
Sharp, Cecil 108
Shaw, George Bernard 141
Sidney, Sir Philip 148
Sikilianos 13
Sillig, Johann Friedrich 33
Sissi 210
Söderblom, Nathan 135
Sokrates 73, 145
Sophie Charlotte von Preußen 209
Sophie-Charlotte von England 204
Sorge, Dr. Richard 98
Staël, Madame de 61, 146
Stanley, Henry Morton 135
Stein, Gertrude 213
Stöhr 186
Streicher, Julius 99
Stuart, Maria 86
Sudermann, Hermann 147
Swedenborg, Emanuel 24, 133, 137, 172
Takahashi, Korekiyo 97
Talboutier, René 118

Talleyrand-Périgord, Charles-Maurice de 34, 55
Talma, Francois-Joseph 166
Tasso, Torquato 31
Terrail Ritter von Bayard, Pierre du 44
Theophrast 53
Theresites 110
Tieck, Ludwig 32
Tolstoi, Leo 206
Tschechow, Anton 119
Tschuang-Tse 208
t'Serclaes Graf von Tilly, Johann 44
Tullius, Marcellinus 74
Turner, Joseph Mallord William 166
Twain, Mark 66
Uz, Johann Peter 25
Valentin, Karl 155
Valentino, Rudolph 168
Vanini, Lucilio 185
Velasquez 83
Vespasian 136, 185
Vidocq, Eugène Francois 106
Vitellius 78
Vizefeldwebel Berg 46
Voland, Sophie 113
Völser, Emma 179
Voltaire 24, 140
Wagner, Anna 69
Waiblinger, Wilhelm Friedrich 62
Waldstein, Graf von 26
Wallenstein 14, 44, 80, 158
Washington, George 150
Weber, Wilhelm Eduard 167

Weiner, Alois 159
Weinheber, Josef 70
Wells, H.G. 162
Wentworth, Thomas 88
Wergeland, Henrik Arnold 143
Wieland, Christoph Martin 186
Wild, Gustav 174
Wilde, Oscar 30
Wilhelm I. 170
Woolf, Virginia 75
Wortley Montagu, Mary 23
Wrangel, Nikolai von 30
Wright, Joseph 41
Wulffen, Hans Waldemar von 70
Ysaye, Eugene 130
Zar Alexander 34
Ziegfeld, Florenz 131
Zimmermann, Johann Georg 140
Zola, Emile 167
Zwingli, Ulrich 171

Impressum

Klett-Cotta
www.klett-cotta.de
© 2013 by J.G. Cotta'sche
Buchhandlung Nachfolger GmbH,
gegr. 1659, Stuttgart
Alle Rechte vorbehalten
Printed in Germany

Gestaltung
Ingo Offermanns, Michael Zöllner,
Hamburg/Stuttgart
Satz
Philipp von Essen, Hamburg
Gesetzt aus der Normal von Stefan
Claudius und der FF Trixie
von Erik Van Blokland
Herstellung
Ulrike Wollenberg, Klett-Cotta
Gedruckt und gebunden von
Friedrich Pustet, Regensburg

ISBN 978-3-608-93949-1

Zweite Auflage, 2013